BuddhAll

All is Buddha.

BuddhAll.

BuddhAll

BuddhAll

談錫永 著

龍樹二論密意

Yuktiṣaṣṭikākārikā
Śūnyatāsaptati

目　錄

總序

一　說密意

　　本叢書的目的在於表達一些佛家經論的密意。甚麼是密意？即是「意在言外」之意。一切經論都要用言說和文字來表達，這些言說和文字只是表達的工具，並不能如實表出佛陀說經、菩薩造論的真實意，讀者若僅依言說和文字來理解經論，所得的便只是一己的理解，必須在言說與文字之外，知其真實，才能通達經論。

　　《入楞伽經》有偈頌言 ——

　　　　由於其中有分別　　名身句身與文身
　　　　凡愚於此成計著　　猶如大象溺深泥[1]

　　這即是說若依名身、句身、文身來理解經論，便落於虛妄分別，由是失去經論的密意、失去佛與菩薩的真實說。所以在《大涅槃經》中，佛說「四依」（依法不依人、依義不依語、依智不依識、依了義不依不了義），都是依真實而不依虛妄分別，其中的「依義不依語」，正說明讀經論須依密意而非依言說文字作理解。佛將這一點看得很嚴重，在經中更有頌言 ——

---

[1]　依拙譯《入楞伽經梵本新譯》，第二品，頌172。台北：全佛文化，2005。下引同。

彼隨語言作分別　　即於法性作增益
以其有所增益故　　其人當墮入地獄[2]

　　這個頌便是告誡學佛的人不應依言說而誹謗密意,所以在經中便有如下一段經文——

> 世尊告言:大慧,三世如來應正等覺有兩種教法義(dharma-naya),是為言說教法(deśanā-naya)、自證建立教法(siddhānta-pratyavasthāna-naya)。

> 云何為言說教法之方便?大慧,隨順有情心及信解,為積集種種資糧而教導經典。云何為觀修者離心所見分別之自證教法?此為自證殊勝趣境,不墮一異、俱有、俱非;離心意意識;不落理量、不落言詮;此非墮入有無二邊之外道二乘由識觀可得嚐其法味。如是我說為自證。[3]

　　由此可知佛的密意,即是由佛內自證所建立的教法,只不過用言說來表達而已。如來藏即是同樣的建立,如來法身不可思議、不可見聞,由是用分別心所能認知的,便只是如來法身上隨緣自顯現的識境。所以,如來法身等同自證建立教法,顯現出來的識境等同言說教法,能認知經論的密意,即如認知如來法身,若唯落於言說,那便是用「識觀」來作分別,那便是對法性作增益,增益一些識境的名言句義於法性上,那便是對佛密意的誹謗、對法性的損害。

　　這樣,我們便知道理解佛家經論密意的重要,若依文解字,便是將識境的虛妄分別,加於無分別的佛內自證智境上,

2　同上,第三品,頌34。
3　同上,第三品,頁151。

將智境增益名言句義而成分別，所以佛才會將依言說作分別看得這麼嚴重。

二　智識雙運

由上所說，我們讀經論的態度便是不落名言而知其密意，在這裡強調的是不落名言，而不是摒除名言，因為若將所有名言都去除，那便等於不讀經論。根據言說而不落言說，由是悟入經論的密意，那便是如來藏的智識雙運，亦即是文殊師利菩薩所傳的不二法門。

我們簡單一點來說智識雙運。

佛內自證智境界，名為如來法身。這裡雖說為「身」，其實只是一個境界，並非有如識境將身看成是個體。這個境界，是佛內自證的智境，所以用識境的概念根本無法認知，因此才不可見、不可聞，在《金剛經》中有偈頌說 ——

若以色見我　　以音聲求我
是人行邪道　　不能見如來

色與音聲都是識境中的顯現，若以此求見如來的法身、求見如來的佛內智境，那便是將如來的智境增益名言，是故稱為邪道。

如來法身不可見，因為遍離識境。所以說如來法身唯藉依於法身的識境而成顯現，這即是依於智識雙運而成顯現。經論的密意有如如來法身，不成顯現，唯藉依於密意的言說而成顯現，這亦是依於智識雙運而成顯現。如果唯落於言說，那便有如「以色見我，以音聲求我」。當然不能見到智境、不能見

到經論的密意。不遣除言說而見密意，那便是由智識雙運而見，這在《金剛經》中亦有一頌言（義淨譯）——

應觀佛法性　　即導師法身
法性非所識　　故彼不能了

是即不離法性以見如來法身（導師法身），若唯落識境（言說），即便不能了知法性，所謂不離法性而見，便即是由智識雙運的境界而見，這亦即是不二法門的密意，雜染的法與清淨的法性不二，是即於智識雙運的境界中法與法性不二。

然而，智識雙運的境界，亦即是如來藏的境界，筆者常將此境界比喻為螢光屏及屏上的影像，螢光屏比喻為如來法身，即是智境；法身上有識境隨緣自顯現，可比喻為螢光屏上的影像，即是識境。我們看螢光屏上的影像時，若知有螢光屏的存在，那便知道識境不離智境而成顯現（影像不離螢光屏而成顯現），因此無須離開影像來見螢光屏（無須離開言說來見密意），只須知道螢光屏唯藉影像而成顯現（密意唯藉言說而成顯現），那便可以認識螢光屏（認識經論的密意）。這便即是「應觀佛法性，即導師法身」，也即是「四依」中的「依義不依語」、「依智不依識」、「依了義不依不了義」。

簡單一點來說，這便即是「言說與密意雙運」，因此若不識如來藏，不知智識雙運，那便不知經論的密意。

三　略說如來藏

欲知佛的密意須識如來藏，佛的密意其實亦說為如來藏。支那內學院的學者呂澂先生，在〈入楞伽經講記〉中說——

> 此經待問而說，開演自證心地法門，即就眾生與佛
> 共同心地為言也。

> 自證者，謂此心地乃佛親切契合而後說，非臆測推
> 想之言。所以說此法門者，乃佛立教之本源，眾生
> 入道之依處。[4]

由此可見他實知《入楞伽經》的密意。其後更說——

> 四門所入，歸於一趣，即如來藏。佛學而與佛無
> 關，何貴此學，故四門所趣必至於如來藏，此義極
> 為重要。[5]

所謂「四門」，即《入楞伽經》所說的「八識」、「五
法」、「三自性」及「二無我」，呂澂認為這四門必須歸趣入
如來藏，否則即非佛學，因此他說——

> 如來藏義，非楞伽獨倡，自佛說法以來，無處不
> 說，無經不載，但以異門立說，所謂空、無生、無
> 二、以及無自性相，如是等名，與如來藏義原無差
> 別。[6]

佛說法無處不說如來藏、無經不載如來藏，那便是一切
經的密意、依內自證智而說的密意；由種種法異門來說，如說
空、無生等，那便是言說教法，由是所說四門實以如來藏為密
意，四門只是言說。

呂澂如是說四門——

---

[4]　《呂澂佛學論著選集》卷二，頁 1217，齊魯書社，1991。下引同。

[5]　同上，頁 1261。

[6]　同上。

前之四法門亦皆說如來藏，何以言之？八識歸於無
生，五法極至無二，三性歸於無性，二空歸於空
性，是皆以異門說如來藏也。

這樣，四門實在已經包括一切經論，由是可知無論經論
由那一門來立說，都不脫離如來藏的範限。現在且一說如來藏
的大意。

認識如來藏，可以分成次第 ——

一、 將阿賴耶識定義為雜染的心性，將如來藏定義
為清淨的心性，這樣來理解便十分簡單，可以
說心受雜染即成阿賴耶識，心識清淨即成如來
藏心。

二、 深一層次來認識，便可以說心性本來光明清
淨，由於受客塵所染，由是成為虛妄分別心，
這本淨而受染的心性，便即是如來藏藏識。本
來清淨光明的心性，可以稱為如來藏智境，亦
可以稱為佛性。

三、 如來藏智境實在是一切諸佛內自證智境界，施
設名言為如來法身。如來法身不可見，唯藉識
境而成顯現。這樣，藉識境而成顯現的佛內自
證智境便名為如來藏。

關於第三個次第的認識，可以詳說 ——

如來法身唯藉識境而成顯現，這個說法，還有密意。一
切情器世間，實在不能脫離智境而顯現，因為他們都要依賴如
來法身的功能，這功能說為如來法身功德。所以正確地說，應

該說為：如來法身上有識境隨緣自顯現，當這樣說時，便已經有兩重密意：一、如來法身有如來法身功德；二、識境雖有如來法身功德令其得以顯現，可是還要「隨緣」，亦即是隨著因緣而成顯現，此顯現既為識境，所依處則為如來法身智境，兩種境界雙運，便可以稱為「智識雙運界」。

甚麼是「雙運」？這可以比喻為手，手有手背與手掌，二者不相同，可是卻不能異離，在名言上，即說二者為「不一不異」，他們的狀態便稱為雙運。

如來法身智境上有識境隨緣自顯現，智境與識境二者不相同，可是亦不能異離，沒有一個識境可以離如來法身功德而成立，所以，便不能離如來法身而成立，因此便說為二者雙運，這即是智識雙運。

如來法身到底有甚麼功能令識境成立呢？第一，是具足周遍一切界的生機，若無生機，沒有識境可以生起，這便稱為「現分」；第二，是令一切顯現能有差別，兩個人，絕不相同，兩株樹，亦可以令人分別出來，識境具有如是差別，便是如來法身的功能，稱為「明分」，所謂「明」，即是能令人了別，了了分明。

智境有這樣的功能，識境亦有它自己的功能，那便是「隨緣」。「隨緣」的意思是依隨著緣起而成顯現。這裡所說的緣起，不是一般所說的「因緣和合」，今人說「因緣和合」，只是說一間房屋由磚瓦木石砌成；一隻茶杯由泥土瓷釉經工人燒製而成，如是等等。這裡說的是甚深緣起，名為「相礙緣起」，相礙便是條件與局限，一切事物成立，都要適應相礙，例如我們這個世間，呼吸的空氣，自然界的風雷雨電，如是等等都要適應。尤其是對時空的適應，我們是三度空間的生

命,所以我們必須成為立體,然後才能夠在這世間顯現。這重緣起,說為甚深秘密,輕易不肯宣說,因為在古時候一般人很難瞭解,不過對現代人來說,這緣起便不應該是甚麼秘密了。

這樣來認識如來藏,便同時認識了智識雙運界,二者可以說為同義。於說智識雙運時,其實已經表達了文殊師利法門的「不二」。

四　結語

上來已經簡略說明密意、智識雙運與如來藏,同時亦據呂澂先生的觀點,說明「無經不載如來藏」,因此凡不是正面說如來藏的經論,都有如來藏為密意,也即是說,經論可以用法異門為言說來表達,但所表達的密意唯是如來藏(亦可以說為唯是不二法門),因此我們在讀佛典時,便應該透過法異門言說,來理解如來藏這個密意。

例如說空性,怎樣才是空性的究竟呢?如果認識如來藏,就可以這樣理解:一切識境實在以如來法身為基,藉此基上的功能而隨緣自顯現,顯現為「有」,是即說為「緣起」,緣起的意思是依緣生起,所以成為有而不是成為空。那麼,為甚麼又說「性空」呢?那是依如來法身基而說為空,因為釋迦將如來法身說為空性,比喻為虛空,還特別聲明,如來法身只能用虛空作為比喻,其餘比喻都是邪說,這樣一來,如來法身基(名為「本始基」)便是空性基,因此在其上顯現的一切識境,便只能是空性。此如以水為基的月影,只能是水性;以鏡為基的鏡影,只能是鏡性。能這樣理解性空,即是依如來藏密意而成究竟。

　　以此為例，即知凡說法異門實都歸趣如來藏，若不依如來藏來理解，便失去密意。因此，本叢書即依如來藏來解釋一些經論，令讀者知經論的密意。這樣來解釋經論，可以說是一個嘗試，因為這等於是用離言來解釋言說，實在並不容易。這嘗試未必成功，希望讀者能給予寶貴意見，以便改進。

談錫永

2011年5月19日七十七歲生日

序言

　　龍樹論師的《六正理聚》，包含六篇論著，即1《中論》、2《迴諍論》、3《精研論》、4《七十空性論》、5《六十如理論》、6《中觀寶鬘論》。本書特選出《六十如理論》及《七十空性論》兩篇，加以疏釋，用以表達龍樹說「緣起」、說「性空」、說「真實義」、說「法智」，以至說「無生」的密意。

　　為甚麼要選這兩篇論呢？

　　因為《中論》雖然是龍樹的重要論著，但實際上它的作意，只在於教導學人如何依「中道」觀修時，能依所緣境正確地作出「抉擇」與「決定」，並沒有詳細地、系統地述說「緣起」與「性空」。《六十如理論》及《七十空性論》二論，則恰好可以作為補充。

　　《六十如理論》的主旨，在於說明為何要建立緣起，並由緣起說及初地菩薩所證的「真實義」，以及八地以上菩薩以至於如來所現證的「法智」。所以由這部論，讀者即可澈底瞭解緣起，知道何謂緣起，以及緣起在觀修中所起的作用。

　　這樣一來，讀者便可以依觀修而正確理解「緣生性空」。這是理解龍樹學說的關鍵，亦是依中道而觀修的關鍵。

　　誤解「緣生性空」的現象，實先起於台灣。有學者依文字推理，將「緣生性空」理解為「因為緣生，所以性空；因為空，所以可以緣起」（「緣起故空，空故緣起」），這樣一

來，他便將二者視為「同一內容」，同一層次。

　　由《六十如理論》便可以知道這絕不是龍樹的思想。論中明說要先建「有」，破除「無」，因為落於「無見」會引起許多過患。當「無見」破除之後，學人若通達「有」與「無」的義理，對「有」與「無」更無偏愛（「無貪」），然後才能跟他說「寂滅」。此中次第井然，顯然不是一說「緣生」，立刻就可以推論為「性空」。

　　其實作這樣推論的學者，也知道有毛病，因為若以「緣生」為世俗，以「性空」為勝義，那麼，勝義諦跟世俗諦就永恆相對而不成相融，所以他還要斷章取義，依龍樹在《中論》中的一些頌，來成立他的二諦相融，因此就建立「性空的緣起、緣起的性空」，前者為勝義諦，後者為世俗諦，並以為這就是「中道」。

　　然而龍樹的本意真的是這樣嗎？

　　在《六十如理論》中，龍樹先斥責一些人，「不知寂滅義，但聞空性聲」（32頌），再指責執著「世間」的人，「嗚呼是被常、無常等見奪」（44頌），這恰恰便是指如來藏為「真常」的現象了。

　　龍樹的「中道」，則見於46頌，他說：「許諸法緣生（那就是許緣生成為有），猶如水中月，非真亦非無，不由彼見奪（「彼」，依上文知指「宗見」）」。是即以「非真亦非無」為中道見。這說「非真亦非無」，即是釋迦所說的「非有非非有」。在《入楞伽經》，釋迦即說牛角與兔角是「非有非非有」，龍樹在《法界讚》中，便說這是佛的中道，於33頌言：「以兔角喻牛角喻，此為如來所現證。是故於彼一切法，

除中道外無所有」。

龍樹在《六十如理論》49頌中還說，能見「緣生」的聖者才能見中道。於見中道時，才能決定「緣生即不生」。請看，這跟自以為二諦相融的學者，差別多麼大。

不能遍知中道的人，實由落於宗見而致。學者將「緣生性空」當成是龍樹的宗義，所以說應該將龍樹定為「緣起宗」，這實在是開龍樹的玩笑。在《六十如理論》51頌說：「彼諸聖者等，無宗無諍端。諸聖既無宗，他宗云何有？」龍樹中道何嘗有宗。

說到這裏，讀者便可知理解《六十如理論》密意的重要，一旦了知，便不會根據自己的偏見來立宗，唯以「性空」為是，從而批判唯識與如來藏，並由此指責禪宗、華嚴、天台、淨土、密宗諸宗。說他們為「真常」，已經很包容。

至於《七十空性論》，則是龍樹說觀修的論著，由次第觀修，即可現證「名言有」（「假名有不真實」），且經次第觀修，即可現證勝義與世俗雙運。是即從世俗建立勝義為無自性、從勝義建立世俗為名言有。

以此之故，本論說「緣生性空」只用了三個頌，餘外所說，都跟觀修有關。

說觀修，先說「四重緣起」的抉擇與決定，這樣就成立了緣起的重重超越，學人由是可住入「相礙緣起」，由是認知「清淨」、「平等」與「無二」。

筆者說「相礙緣起」，有人批評為「查經無據」，這實

在是因為批評者不知道這只是「道名言」，亦即為觀修而施設的名言。道名言多是「查經無據」。禪宗說的「三關」、華嚴宗說的「十玄門」、天台宗說的「假、空、中」三諦，以至「應成見」（應敵成破）、「自續見」（自立續），在佛經中何嘗能見其名。

若知龍樹密意，便知道「相礙緣起」實在是「查論有據」。在《中論‧觀四諦品》，有頌言：「以有空義故，一切法得成」。甚麼是「空義」？如果知道龍樹亦說「本性自性空」，便應該知道，本性是依如來法身、如來法身功德而說，在言說上則將此本性施設為「空性」，這才是最了義的「空義」。知此空義，即知唯藉如來法身功德，一切諸法才能任運圓成而存在或顯現，這不正就是「相礙緣起」了麼？

在《七十空性論》24頌中，諍論者問言：「若無有生滅，何滅為涅槃？」依上文，此處所指的「無有生滅」實指「無有生性、滅性」，不是指生滅現象。龍樹答言：「自性無生滅，此豈非涅槃」。復於《釋論》中說：「若性無生無滅，此豈非即是涅槃」。

在25頌中，接着解釋，「涅槃離有無，故無生無滅」，這正是成立「無生」來說涅槃。

在相礙緣起中，一切諸法「任運圓成」，實依如來法身為因（非指「生因」，實指「含藏因」）、依如來法身功德為緣，如是而成顯現。由此顯現可見如來法身功德，離有性、無性（因為是智境的功能），因此觀修行人才能由現證如來法身功德而現證無生。既然如此，當說查經有據的無生、圓成自性等名言時，便應知相礙緣起的施設，實為由識境引入智境的施

設,名言在經中查不到,但依密意則見於許多經論。

以上所說,並不是筆者要為自己辯解,實在是想說明,龍樹中道實依相礙緣起而說「有為非有為,非多亦非一,非有無二俱」的、「此攝一切相」(頌32)的中道觀察。

上來為以相說空,接着即以業說空。

頌41言:「佛所化且空,何況化所化」。這亦非依相礙緣起來理解不可。在這裏,作業的人說為「佛所化」、業則說為「化所化」,這便即是將二者的成立皆歸於佛。為甚麼要說得這麼鄭重,不只泛說「緣生」呢?這便是龍樹將業者與業都歸為如來法身上的隨緣自顯現。是必須知其所說的「隨緣」,非為隨相礙緣起不可。

於此此後,龍樹更說其餘觀修,成立一觀修次第,今不贅言。

正由於此,龍樹才總結說:「說有或說無,或說亦有無,諸佛密意說,此難可通達。」(頌44)若能通達有無,即可由中道次第證入二諦雙運。

龍樹這兩篇論的重要性,由上述即可知,因為實已通說基、道、果。希望讀者能依這二論,了知龍樹的密意,是則一切顛倒的說法,無論何人何說,皆可消除。必須如是,才能知道真實的般若,而非相似般若。

在本書中,為了讓讀者容易瞭解二論密意,所以將二論置為下篇,上篇則為《密意說空》,筆者在這篇中所說,即依二論,以及龍樹的《中論》、《法界讚》、《菩提心釋》等論而說,於此中說「本性自性空」、以及「非有非非有」此中道

見，方便讀者於讀二論時了知其密意。若讀者已讀筆者餘書，對所說已知，尚請勿嫌有部份重複，因為筆者的難處，即在於不能不為初讀筆者譯著的人設想。

唯願本書能有少分功能，得護持正法，願吉祥。

談錫永

2013年4月

上篇：密意說空

上篇：密意說空

一、我們怎樣說空

佛家宗派林立，即依三轉法輪來說，便已經有聲聞乘、緣覺乘、菩薩乘和一佛乘，若依論師成立的宗派，更目迷五色，屈指難數。然而無一宗派不說空與空性，為甚麼呢？因為說一切法空，正是佛家的基礎學說，由此基礎才可以認識到如來的密意，否則，佛的說法便一切都成言說。

佛對於空，作過三個譬喻：畫月、水月、空中月。對於畫月很容易說它並非實有；對於水月，說它非實有似乎很容易，其實於說水月時，佛亦須依密意來說；至於說空中月為空，那就更是甚深層次的空，唯能依佛密意而了知。你看，如果一切法空不是佛家的基礎，佛何必要層層深入來說空。

正因為這樣，所以無一宗派不說空，學佛的人，無論由何宗派入手，都一定接觸到對空的解說。然而解說若正，學人的認識便正；解說若誤，學人便受誤導，這就是佛說的「一盲引眾盲，相將入火坑」。

欲了解空，卻須知道，空無非只是學佛所須認知的基礎知識，並非佛法的究竟，因為空只是假施設，施設的作用是用來表達佛的密意，密意無法說出，便只能依施設而說。禪宗說：「說與一法即不中」，便即是指出言說並非真實、施設並非真實，所以「不中」。因此，若唯由言說來認識空與空性，亦是「不中」。

　　當然，每一個說空的學者，都一定以為自己所說即是空的正解，但筆者當年學佛，卻一直受著這些所謂正解的迷惑，初讀他們的書，說得頭頭是道，引經據典，似乎無可辯駁，但細加尋索，便看不到對關鍵問題有斬釘截鐵的解說，所以筆者惶惑了許多年，直到後來得到敦珠法王無畏智金剛的教導，指示「本性自性空」，那才得到空的正解。可以肯定它是正解，因為這說法跟一切佛法都不相違。小乘之所說、唯識之所說、中觀之所說，都能融匯在這說法裏面，不須加以否定，甚至現代人糾纏不休的「自空」、「他空」，在這說法中都能成立。而且，在觀修方面，如果不依「本性自性」來抉擇、觀修、決定，一定不能受益，甚至可能自以為已能見空，其實卻把空變成偶像，一切觀修都變成偶像崇拜，空性崇拜。因此必須肯定「本性自性空」，它實在是佛的密意，亦是對空的唯一正解。

　　指出「本性自性空」，在《大寶積經‧無邊莊嚴會》中已有所說，筆者有《無邊莊嚴會密意》一書，讀者可以參考。所以敦珠法王的教導，實在亦是依經而教，並非是甯瑪派自創的說法。說空性的學者對此經未加留意，這便錯失珍寶。有如《聖入無分別總持經》所說，入寶山的人採得第一層銀礦、或採得第二層金礦、又或採得第三層寶石礦，便分別滿足，於是便錯失了第四層的摩尼寶（如意寶珠）。

　　現在筆者說空，即依「本性自性空」的究竟正見而說，並依此正見指出一些說空的過失。這樣做，可能會給人認為自大。筆者多年以來亦正有這重顧慮，所以才不敢着手依此著作。不過，如今筆者年事已老，覺得若不宣發這究竟正見，未免於心不安，因此才作出決定，依照我們的見地來說空。若讀者認為說錯，可以指出錯在那裏，讓筆者能依此深入思維，並

作觀修，可是卻不宜依人不依法、依語不依義、依識不依智、依不了義不依了義，來貿然否定我們所說的空。

總說一句：我們怎樣說空？那就是依佛密意，依本性自性空來說空。

二、本性自性空

依《無邊莊嚴會》，一切諸法「本性自性」是菩薩所入之門。也即是說，菩薩如果想入一佛乘，必須先認知一切諸法自性實在是以本性為自性，當施設本性為空性時，便可以說一切諸法自性即是空性。

佛在此經中說，「本性自性」是依法界來開示演說。這說法有兩重深義——

一者，本性是依法界來成立，將法界的性說為本性。

二者，法界即是如來法身。如來法身即是佛內自證智，所以，法界便是佛內自證智的境界。因此依法界來成立本性，便亦即是依法身、法智來成立。這樣一來，本性便可理解為法身性、法智性、法界性。這個性不能用言說來詮釋，是故方便施設為空性。經文還強調，必須這樣說，然後才能成立「一切諸法猶如虛空」。

讀者在此應當注意，依本性自性究竟成立的是「一切諸法猶如虛空」，而不是「一切諸法無自性空」，此即非依緣起來成立空，而是依本性來成立空。然而在這裏，卻絕不是否定依緣起來說空，只是指出，若依緣起來證入空性，至究竟時，便正是由本性自性成立的空。可惜的是，許多學人當見到佛說

「一切諸法猶如虛空」時，便誤認為等如是說「一切諸法無自性空」，這樣一來，就失去了依佛密意的究竟空見，同時亦不理解，正因為「一切諸法」本來就「無自性」，所以才能說本性自性空，由是才能依如來法身說「一切諸法猶如虛空」。

因此我們可以這樣說，行者觀修重重緣起，次第決定一切諸法無自性，及至究竟，於悟入諸法實在只是如來法身上、或說法智上、法界上的隨緣自顯現，此時便了知緣生諸法恰如鏡影，其自性只能說是鏡性；又或恰如水中月，月影的自性只能說是水性，由是依如來法身而顯現的一切法，雖由緣生，其自性便只能說是如來法身的本性，不能以緣生為自性。這就是諸法如幻，本性自性的究竟見。於見地中，既未否定緣起，亦未否定性空，只是否定不依觀修而唯言說的「因為緣起，所以性空」。為甚麼要否定，因為這言說只是推理，妨礙了我們認識本性自性。

更者，釋迦說過，對於如來法身只能用虛空來作比喻，所以當說「一切諸法猶如虛空」時，實際上已等如說：一切諸法猶如如來法身。這樣說時，許多人可能十分詫異。「一切諸法」包含輪迴界的有為法，亦即是落於因緣的法，那怎可能說它「猶如如來法身」呢？

說「猶如如來法身」，是依「本性」來說。因為在這裏說具「本性」的便正是如來法身。如來法身本來不能說有甚麼性，因為不可思議，說有甚麼性便可以思議了，所以「本性」亦只是言說，只是施設，由施設言說來向學人演示如來法身（同時亦顯示了法智與法界），學人即可出此言說的密意，來悟知如來法身這個境界。

這裏，便牽涉到對如來藏的理解。

筆者讀過一些關於「如來藏」、「如來藏思想」的近人著作，發現相當多作者對如來藏都有誤解，誤解則由甚深的成見而來。他們有些人將如來藏看成是一個場所；有些人堅持佛說如來藏只是為了開引外道，所以說為真常；有些人認為如來藏違反緣起，如是種種成見，可以說是對如來藏的嚴重誹謗。

這種情形，佛其實早已預言，認為是法滅盡時的現象。《勝鬘經》依佛預言，便說有三種人不識如來藏 ——

第一種是「墮身見眾生」，指執著自我的人，因執自我，自然有我與我所，他們依「我所」（我所愛、我所受等）來認識如來藏，自然不能悟入「出世間一切智境界」（《寶性論》語），這個境界恰恰便是如來藏的境界，亦即佛內自證智境界，稱為如來法身。倘如執持身見，將如來法身看成是身（或將法界看成是界），便會將如來藏看成是場所。所以說為場所，便依然是身見的範限，然而如來藏境界既是佛內自證智境界，當然便無有範限，而且不落邊際。

第二種是「顛倒眾生」，那是指對如來藏四種功德未能正知的人。四種功德是常、樂、我、淨，顛倒眾生認為這四種功德違反佛法，因為佛說：無常、苦、無我、不淨。這便是依佛的言說來理解四種功德，而不知其為佛的密意。所以在《大般涅槃經》中佛說：應該「在在處處常修我想、常、樂、淨想」，「如彼智人巧出寶珠，所謂我想、常、樂、淨想」，這裏便是用如意寶珠來比喻如來藏的四種功德。對此不知，便會指責如來藏落於「真常」。其實依佛密意，四種功德並不是如來藏的自性，只是如來藏的功能。佛內自證智境界有功能，一點也不奇怪，若加否定，便成顛倒。

第三種是「空亂意眾生」。「空亂意」的梵文śūnyatāvikṣipatacitta，原意是「對空性起迷亂心」。這例如誤解一切法「緣生性空」的人，他們將「緣生」與「性空」視為同一層次，因此說「因為緣生，所以性空」，或說「緣起故空，空故緣起」。由此執著，便認為一定要依緣起來說空，殊不知這種執著，等於說一定要依識境的現象來說空，倘如他們的執著真實，那麼，如來便依然要住在識境。這樣一來，如來便無盡離識境的法身可言。認為如來藏違反緣起的人，便是「對空性起迷亂心」的例子。

如果能離這些誤解，便可以用言說來表達如來藏，說為：如來法身並非個體，只是佛內自證智境界，而且，說為「境界」亦只是施設。這個境界，具有常、樂、我、淨四種功德（功能），可以總括為「現分」與「明分」。

如來藏恆常，是因為如來智境恆常。這一點無可諍論，如果說如來智境不恆常，那麼，如來便亦會斷滅。然而除了智境恆常之外，智境還具有現分，這現分可以理解為生機，正因為有生機，所以在智境上才能有識境生起，如是成就一切時空的世間與生命。所以，這現分亦必定恆常。

現分亦可稱為大樂，因為有世間及有情生起，對有情來說，便可以說為大樂。假如理解此生機是佛的悲心，便可以稱之為大悲。

由是可知，建立現分便可同時建立常、樂兩種功德。

至於明分，可以理解為區別的本質。當生起有情，生起世間時，必須具有區別，因此世間有區別，有情有區別。如果將這區別當成分別，而且是由自我的立場來分別，這樣就會成

立我與我所。若依明分區別則無分別,甲與乙不同,只是因為他們的顯現有區別,並不是本質上有所分別。是即如來法身上的一切諸法,包括有為法與無為法、包括輪迴界與涅槃界,都無分別,只可區別,所以才說一切諸法平等。

正由於如來法身具有這區別分,我們才可以不將區別當成分別。人與螞蟻不同,只是區別,而且是本然的區別,所以不是心識所起的分別。倘若不能這樣理解,根本便不可能離分別來認知心的行相、外境的行相。

由一切諸法平等,如此即可說如來藏為大我,這大我,實在基於由明分的區別來遣除心識的分別,若基於心識分別來觀修無分別,則只能將諸法一一成立小我,然後在口頭上說一一小我自性空,再然後說:因為都是自性空所以無分別。

在這裏,我們便須注意到一個言說混淆的問題。當說「一切諸法自性空,是故平等無分別」時,便須要理解,是根據一切諸法本性自性來說,抑或是根據一個一個法的緣生性空來說。這亦即是,這說法是根據大我來說,抑或是根據小我來說,此二者實有很大的區別。前者離分別而建立(亦即離分別是大前提),後者則落於分別而建立(建立之後才依推理說離分別)。

如來法身上一切諸法既然平等,便不能落於識境的理念來理解,因此如來法身以及識境,實在是離世間的名言與句義而成立,這樣才可以說為清淨。《無邊莊嚴會》說的「清淨陀羅尼」便是以出離世間為清淨,所說的出離世間,便是名言句義盡。由是可知,說如來藏境界清淨,亦是基於依明分而成立的無分別。

　　由是可知，建立明分便可同時建立我、淨兩種功德。

　　依照前面的說法，我們便可以這樣來理解如來藏 ——

　　如來法身是佛內自證智境界。這智境具有現分與明分，由此令有情及世間能夠生起。這生起，必須依於因緣，所以說為緣起。用佛家的名言來說，便可以這樣定義如來藏：如來法身具足功德，令識境得以隨緣自顯現，是故智境與識境雙運，即可名為如來藏。

　　這裏說的雙運，有如手掌與手背。手掌依手背為基而成顯現，二者恆不相離，所以可以說無手掌即無手背的功能，無手背亦無手掌的功能，如果不是恆不相離，手掌與手背便都成無用。

　　筆者常用螢光屏來比喻如來藏。如來法身智境喻為螢光屏，此螢光屏由於有功能，所以有種種影像顯現，這些顯現便可以作為識境的比喻。螢光屏與影像顯現結合，便可以作為智境與識境雙運的比喻。依此比喻，即便可以成立「本性自性」。

　　如果問：螢光屏上的影像有何自性？如果住在影像世界中，依凡夫的見地，便說火有火性、水有水性，他們只是依影像相來成立自性。

　　超越凡夫，知道緣起，可是依然住在影像世界中的人，便依緣生性空來說螢光屏上一切影像都是緣生性。當這樣說時，雖非究竟，但作為見地亦可以成立，不過，若依此見地觀修，持著「緣起故空，空故緣起」作抉擇見與決定見，那便有弊端。因為這只是推理，而且是住在識境而自以為可說智境的推

理。所以這種人便只能永遠住在影像世界中，不得出離，只是由世智來成立自以為是的如來智境，由是所說都是世聰辯智。

倘若依智境與識境雙運，入無分別的人，雖然住在影像世界中，但卻知道，不能將「緣生」與「性空」放在同一層面，當決定性空時，必須先將緣生建立為「有」（此說法見於《六十正理論》），然後超越這重緣起，才能說此「有」為空。如何超越？依區別來說，是依四重緣起來超越（參考拙《四重緣起深般若》），至究竟時，便可以現證：一切螢光屏影像的自性，只能說為螢光屏性，唯有施設螢光屏性為空，才可以說影像的自性是空性。

依此比喻，我們便可以理解何謂「本性自性」了。所謂「本性」，即是如來法身的智境性，如是，如來法身上自顯現的一切識境，他們的自性，便只能是本性。這樣便成立了「本性自性」。如果將這本性施設為空。是故便可以說如來智境上的一切諸法空性。這即是「本性自性空」──亦便是依「如來藏我」而說空。

說本性自性空，是最究竟的空，因為這空性是本然的狀態。誰能說螢光屏上的影像不是螢光屏性呢，因此，誰能說依智境而成顯現的識境不是智境性呢？在這裡，只是如實而說，不須推理，亦無外加的概念，更不須落在名言與句義來說空。

所以《無邊莊嚴會》說：「一切諸法皆是佛法」、「諸法本性與佛法等，是故諸法皆是佛法。」更說：「一切諸法所有自性，即是本性。若是本性，彼無自性。汝今當知，若以言說得一切法本性自性，無有是處。」正因為離言說，由是本性自性空才是最究竟的空。

三、《入楞伽經》說七種空

在《入楞伽經》中，佛對大慧菩薩開示七種空，這七種空必須依「本性自性空」來理解，因為七種空是依密意而成立。

經中，大慧菩薩請佛解說甚麼是一切法空、一切法無生、一切法無二、一切法無自性相。可是，佛卻先對大慧說空，然後才對無生、無二等作答。而且於說空前，佛還先說：「空性實無非為一遍計自性句義。」先鄭重指出這點，即是說，「空」、「空性」只是言說，是故不應執著。為甚麼要施設這言說呢？佛亦解釋說：「以人執著於遍計自性，故我說空性、無生、無二、無自性。」這樣說時，便說出兩點密意：一者，凡是名言施設都是遍計自性，都只為執著於遍計自性的人而施設；二者，空性、無生、無二、無自性等，其實同一意趣，所以能知而一，便知其餘。因此佛便只對空詳細作答，其餘無生、無二等實可由空義引申而得了知。

佛說七種空性，是為：一者，相空；二者，諸有自性空；三者，無所行空；四者，所行空；五者，一切法不可說空；六者，第一義聖智大空；七者，彼此空（彼彼空）。今依經文解說如下——

1）相空，依經言：「此謂諸法無有自相、共相。」一切法的自相、共相，都只能在識境中成立。依彌勒的說法，相，只是二取顯現、名言顯現。心識是能取，外境是所取，所以由心識取外境而成顯現，即名二取顯現；人於成立二取顯現時，同時生一概念，於是依概念建立名言，如山河大地，花草樹木，由是即成名言顯現。名言顯現在識境中真實，但心識若離

識境，入智識雙運境界，便知一切法的自相、共相，無非只是基於二取而起的名言，而二取則實基於業力，人與犬業力不同，由是人所見的彩色世界，小狗則見為黑白，但犬所聽聞的聲界，人對許多聲音則一無所聞，所以這些識境自性，唯依本性說之為空。

用螢光屏的比喻，即是：住在螢光屏影像世界中的人，見一切法有自相共相，若離影像世界，則見一切法無非影像，而且這些影像還依業力所起的二取而無定相。這樣來看相空，便即是依本性自性來看一切諸法的現象為空。

這樣來說相空，亦是由「唯心所自見」而說，所以是基於如來藏的說法，因為是離世間名言與句義而見，故同時亦是由觀修而得的決定見。

2）諸有自性空，依經言：「**此謂一切法於其自性中無生。**」這即是說，一切諸法都不能由其自性生起，火非由火性生，水非由水性生，由是在識境中雖可見一切法的生滅現象，但實無自性可見，若悟入智識雙運境界，便知生滅唯是無自性的影像，由是即可決定為無生。

蓮花生大士曾經舉一喻：一隻烏鴉伏在井欄邊，當人窺視井水時，便見有烏鴉生起，及至烏鴉飛走，窺井的人便說烏鴉滅去。由此烏鴉喻，便知識境中人所見的只是鴉影，可是他卻將影像執為真實，而不知所見的實非烏鴉。由此比喻，即可悟入無生。

須注意的是，釋迦在這裏說一切有法的自性空，並未依緣起而說，因為緣起亦是施設，這施設雖然為觀修之所依，但卻非佛的密意，若依密意，即是由一切諸法於本性自性中無生，決定一切諸法自性空。既然無生，便當然無有實自性。

3）無所行空，依經的解釋是：「此謂諸蘊即是涅槃，無始以來於彼實無所作。」對這解釋，即應依如來藏而知。一切諸法（例如「諸蘊」）實依於智境而成顯現，所以一切顯現，應該說是於法性中自顯現。由於涅槃亦是於法性中自顯現，所以便說諸蘊即是涅槃，諸蘊與涅槃平等，由是於諸蘊即無所行，亦即實不能對諸蘊有所作為，既不能作意令諸蘊生滅，亦不能作意令諸蘊改變，由是即可由無所行來建立諸蘊的空性，一如於涅槃實無所行，是故可建立涅槃為空。

這樣來建立無所行，恰恰便是禪宗的理趣，亦是無上瑜伽密的理趣。無上瑜伽於證入寂滅時唯有直指教授，並無正行修法。這樣建立無所行空，行者於修學時，便須無作意捨離而成捨離，道名言即稱之為「盡」。然而，無所行亦只是名言，所以行者亦不應對無所行有所執著，亦即不可求盡而盡，此如讀完小學，進入中學，便自然而然「小學盡」，這時連「盡」的概念都不曾生起，如是始為無所行空，否則便是誤執「無所行有」為空。

4）所行空，依經的解釋是：「此謂諸蘊實離我及我所，唯於因與行相互和合時起用。」這裏說所行，是說諸蘊之所行，人之觸境、覺受、思維、行為、分別，即是諸蘊之所行，基於我及我所而生起，若離我與我所，則不能說諸蘊有所行。

然則，諸蘊何以能起功能呢？這是因為：「因」與「行」二者和合起用。這即是說一切法於心性中自顯現，實在是以藏識（心）為因，與業（行）相互和合而成自顯現。依如來藏智識雙運境，即知心性自顯現無非只是識境自顯現，所顯唯是影像，一如窺井唯見鴉影，如是即可由本性自性說諸蘊所行空。

為甚麼要依諸蘊,既說無所行空,又說所行空呢?這是
因為涅槃必須蘊滅,若行人作意令蘊滅,則應知無所行空,是
即知對諸蘊的一切作意實無所作;然則,如何能令蘊滅?唯有
任諸蘊於所行空中自然盡,是即無捨離而捨離。

所以釋迦說這兩個空,實在是為觀修如來藏的行人建
立,不是理論,唯是修持。

5)一切法不可說空,依經的解釋是:「此謂遍計自性無
可言說,因而一切法即於不可說中空。」這個解釋已經很明
白,遍計當然只是識境中事,若依密意,對此實無可言說,亦
即實無可建立,所以,其實連空、無生、無二、無自性都無可
言說,亦不成真實建立,由是一切法依遍計自性,即可由「不
可說」而說之為空。

這樣成立空性,是澈底否定依識境而建立的一切法,是
故不可依名言而執著。但若在識境,此一切建立則可視為真
實,一如我們建立山河大地,花草樹木之可視為真實。

此外還應了知,佛的言說都是為執遍計自性的人施設,
所以依緣起來說空便無非只是遍計,必須悟入真實才能悟入空
性、必須現證真智才能現證空性,這才是不可說空。

成立這個空,實亦為觀修而說,因為一切觀修都須離言
而成現證,此即於不可說中空,亦即唯依諸佛密意而空。

6)第一義聖智大空,依經的解釋是:「此謂由聖智得內
現證,於中更無由一切顛倒所生之習氣。」這即是證入如來法
身(佛內自證智境界),亦即證入一切諸法的本性,由本性自
性即可說為空性,這才是畢竟空。

說「更無由一切顛倒所生之習氣」，即是說佛於起後得智時，雖然由後得智觀察識境，但此後得智實不同凡夫的心識，由於心識盡，所以顛倒所生之習氣亦盡。近代有些學者，研究佛見到的識境，是否與凡夫所見的識境相同，他們有些人依自己的宗見，說釋迦只見到兩度空間，這便是不知道佛智與凡夫心識的區別，其區別只如經言，佛智無顛倒所生習氣，凡夫心識則有此習氣，只此一句便足，否則說得愈多愈錯。

唯識假相派便有此毛病。他們的宗義認為，心識的行相一定是平面，當看外境現時，受無明習氣影響，所以眼識所現便成立體。佛的無明習氣當然已盡，因此，佛所見的世間便應該是平面影像。此為唯識假相派論師法勝（Dharmottara, 750?-810?）之所說，即是依宗義而成的執著。倘若釋迦所見只是平面世界，那麼他連走路都有問題。此唯識宗義，唯依識境，因此便有平面與立體的諍論，若將離識境的一切概念，說為無顛倒所生習氣，要點便在有顛倒與無顛倒的區別，平面立體的識境問題根本不存在。

7）彼此空[1]，依經的解釋是：「此謂若一法於此無有，人即謂於彼亦空。」依此解釋，即是「彼此空」，前人則譯為「彼彼空」。依西藏密宗的道名言，可以說是他空。佛在此有所舉例：「於鹿母講堂中無有象、牛、羊等，對諸比丘眾，我可說講堂非無比丘，堂之空僅無彼（象牛羊）等而已。」這即是講堂本身不空，只因為無象牛羊等而說為空，有如我們說，

---

[1] 筆者於《入楞伽經梵本新譯》中，譯此為「相對空」，並說明此為意譯，前人譯為「彼彼空」。此意譯的根據，是因為此空實依「彼此」而建立，由於彼此是相對法，所以意譯為相對空。當時不敢將之意譯為「他空」，則是因為西藏覺囊派自稱依「他空見」的緣故。覺囊派所依，不同這裏之所說，若將之譯為他空，則易起混淆。現在覺得譯為「彼此空」較妥。

沒有人住的房子是空房子,所以是他空,他(彼)指講堂本身
以外的事物,於講堂中無有。

　　釋迦這裏說空,亦實在是據如來藏思想而說,依如來
藏,唯有從一切法無生、只是影像,才能成立本性自性空。若
說一切法無自性所以空,則只是言說,並非了義,因為說為空
的,是外加在一切法上的「自性」。當我們說瓶無自性時,空
的其實只是瓶的自性而非這個瓶。自性空而瓶宛然俱在,豈不
等如說鹿母講堂無象牛羊。為了不墮入彼此空的他空見,所以
說無自性為空的學者,便須要加以界說,說凡無自性的法都不
可說為實法,既非實法便亦不能有實相,依此界說才避免了彼
此空的他空。

　　瑜伽行派所說的空,不依無自性而說,而是以無有本
體、無有本質而說,所以便沒有彼此空的問題。觀修如來藏是
瑜伽行中觀,將一切諸法說為影像,便正是建立無本體、無本
質的空,影像的自性如何,根本不在觀察範圍之內。因為沒有
人能看到事物的自性,連自心所起的行相,亦不能觀察到它的
自性,所以無自性空,空無自性,只是佛的言說,用以去除遍
計,若依觀修,則說無本體實較說無自性為方便。

　　釋迦說此空最下。亦即說他空最下。不過,西藏覺囊派
所說的他空,卻不同釋迦之所指。覺囊派只是認為:勝義不
空,外加在勝義上的事物則空,由是而成他空。說勝義不空,
即不同講堂不空的例。講堂是現象,勝義則絕對不是識境中的
現象。因此我們不能沿用釋迦在這裏的說法,來否定覺囊派的
他空。

　　由《入楞伽經》說七種空,即可知如何據如來藏思想,

了知本性自性而說空，這才是依諸佛密意而說的空，並不是由施設自性而說空。讀者可能質疑，龍樹亦說自性空，此則須知，龍樹亦是隨順執遍計自性的凡夫而說，不能因為他說此名言，便認為這名言真實。或認為龍樹不知本性自性，此實不應理，因為釋迦亦常說自性空，不能說釋迦亦不知本性自性，須知這僅是未離遍計的言說，並非密意。欲知密意，必須由對此七種空的比較而了知，當了知時，便不會執著於無自性。

四、空間與空

說空的人常常弄錯，將空與空間等同。

空到底是一種甚麼樣的境界呢？其實這問題根本不可能回答。要回答，他們便只能說「無自性空」。「無自性空」非常對，但說的依然是空性，並不是空的境界。所以，有些人便用空間來說空的境界了。譬如有大師說：皮包空了才能裝入東西、車廂空了才能載運乘客。這樣說時，似乎是說空的境界，但其實說的只是空間，並非佛家所說的空。至於更說空的皮包能裝入東西、空的車廂能載運乘客，便即是「真空妙有」。這些說法，客氣一點可以說是善巧方便。

我們不要以為將空定義為空間，只是粗糙的說法，其實也有很精巧的說法，跟「皮包空」同一層次。例如說：「緣起故空，空故緣起」，便有將空定義為空間的意味。

當說「緣起故空」時，可以成立，因為是佛的善巧方便說，這善巧方便，還是為了觀修而施設。行者觀修，先觀一重「緣起有」。例如，觀業因緣起有，此即觀因緣和合，如觀房屋由磚瓦木石而成，在這時，由業因成的是「緣起有」。雖然

「緣起有」即非「真實有」，只是依名言而成立的假有，但行者仍須觀修，不能依推理便說此「緣起有」為空，依推理而空只是言說，必須觀修，然後才能於觀修境中成決定。

在這觀修中，要點是：抉擇這房屋是否只依磚瓦木石而成為「有」（業因緣起有），一經抉擇，便知道不是，因為將房屋成立為有的，實在是人的心識。（這樣，便是對業因緣起的「有」加以抉擇了。）心識與外境相依而成立，所以一但將心識與這房屋聯繫，便進入「相依緣起」的層次，於觀修中（例如觀修由心識生起壇城本尊），才可以將「業因有」否定，說為「緣起故空」，並同時成立「相依有」。

必須這樣來理解「緣生性空」才是正解，否則便只是依推理而成的口頭生活，是即與佛無關，亦與學佛無關。

筆者對這觀修所依的四重緣起已有宣說，今且不贅，現在只須知道，必須四重緣起重重超越，至最後超越「相礙緣起」而成無礙，才能見到一切諸法的本性自性空，那就夠了。正因為由資糧道到十地菩薩都須依緣起而觀，所以佛便必須成立「緣起故空」，由是才能成立觀修所得的抉擇與決定：「因緣所生法，我說即是空」、「因緣所生法，即是寂滅性」。

由此可見，說「緣起故空」時，其實有兩個層次，一個是言說的層次：因為緣起，所以性空，這只能視之為方便，佛有時亦依此方便而說法。另一個則是諸佛密意的層次，超越緣起才能見本性自性空，這是究竟，亦是觀修之所依。

可是，當說「空故緣起」時，說者卻往往說不出一個道理。佛只說空不破壞緣起，亦即說，智境不破壞識境，並沒有說，須要先建立一個空然後才能成立緣起，而且，空的境界根

本無從建立，除非將如來法身施設為空。但這樣說時，便已經是如來藏思想了，然而凡說「空故緣起」的人，卻同時否定如來藏，因此，「空故緣起」的「空」必然不是指如來法身，是則焉能於如來法身之外先施設一個空，然後在空中成立緣起呢？

倘如說，「空故緣起」是說緣起亦自性空。那麼，便應該是先有緣起，才有緣起的空，這樣一來，便依然是「緣起故空」，不能說為「空故緣起」。說空故緣起，必須先施設空。然而，若未成立緣起之先，是即無物可說，既無對象，焉能便說它的空性。所以，「空故緣起」一說實不能成立。

而且，論者的說法其實亦有點多餘，由甲乙丙丁諸法成立緣起，既說一切諸法自性空，那麼便已可決定甲乙丙丁自性空，是則，由甲乙丙丁成立的緣起亦當然自性空，因為根本沒有一個實法參與，實在不須要更說緣起自性空。所以究其實際，恐怕論者還是落於虛空的概念來說「空故緣起」的空，由是將空等同空間亦不自知。

假如認定「空故緣起」，那便一定要依如來藏而說，如來藏思想認為佛內自證智境界即是如來法身，在這境界中具足如來法身功德，所以一切世間、一切諸法，都可以憑藉如來法身功德而隨緣自顯現。如來法身無可說，只能施設為空，即施設為零（關於這點，後文當說），由是方便而說，亦可說為「空故緣起」。這時，依善巧方便，即說因為有佛內自證智境界，才能成立緣起。由是說，一切緣起所生諸法，只能以如來法身為本性，無有自性，是即本性自性空，雖然這樣施設空性，本與緣起無關，但因為跟觀修證空有關，便亦可以說為「緣起故空」。

　　復次，若究竟而言，於觀修時若依本性自性而成立空，亦不能說決定本性空才能成立緣生自顯現的識境，只能決定本性具有功德，由此功德而成識境的隨緣自顯現，這樣一來，便亦不能說是「空故緣起」，如果要說，只能說「功德故緣起」。這才是實相、真如。

　　所以說「空故緣起」，其所說空，實未離識境而說，於識境中，空的境界不可說，即使你說「無自性的境界就是空的境界」，那亦只是為辯論而成立的推理，實在對空境界無所形容，這樣一來，便只能說空為「虛空」，這便亦是將空等同空間來說，因為說者一定不會依如來藏將虛空說為法身。但其說法實在精巧，不似說「皮包空」的人那麼笨拙。不過愈精巧愈容易成為誤導，反而說「皮包空」的人，因為笨拙，反而不會令很多人受到誤導。

　　或辯言：說空故緣起，是根據龍樹的頌「以有空義故，一切法得成，若無空義者，一切則不成」。然而，這偈頌正須要依本性自性來解釋，所謂「空義」，即是佛內自證智境界，有此境界，一切諸法才能依其功德而隨緣自顯現。龍樹知道超越緣起得證本性，由《法界讚》、《七十空性論》及《六十正理論》等即可知，所以才有此決定見。若如說者所言，空與物質的關係，是以虛空為物質所依處，這樣的「以有空義故，一切法得成」，便正是落在空間的範圍來說。雖說空為虛空、空寂，恐怕亦是將虛空看成是廣大的空際。

　　假如說，我說的正是「空寂」，由於「空寂」才能緣起。那麼，空寂與空又有何分別。難不成法界中還有一個不寂唯空的境界，所以才須要特別指出，還有一個既空且寂的境界。如若不然，那便是依言說來作辯護，這樣一來，將空與空

寂分別，恐怕這絕不是佛與菩薩之所認為。

由於將空說為虛空，這問題有點複雜，將在下文更作討論。

五、虛空與空

將空說為虛空，可以用密勒日巴的一個故事來說明。這故事見於張澄基譯註的《密勒日巴大師全集》，現在節錄如下，主要依張氏譯文 ——

密勒日巴住在雅龍，因為印度大成就者達馬菩提[2]向他供養，所以便受到當地人的尊敬。當地有一所研習因明的寺院，該院僧眾對尊者十分不滿，寺院中有兩位主要法師，一名羅頓，一名熱頓，決定要趕走密勒日巴，因此要找他辯論佛法。他們兩人連同達羅法師便走到尊者的住處，說是來朝禮尊者，要求跟密勒日巴見面。一見面，為首的和尚便昂首起立，伸出手掌，彈指咔嚓一聲響，問密勒日巴：「你先告訴我們，你這樣毫無忌憚的受人供養，究竟心中有甚麼把握呢？」密勒日巴用唱歌的方式，告訴他們自己所修的密法與見地，末後說：「我乃積資瑜伽士，通達供施無自性，乃能受供善福田。」

三個和尚聽了很生氣，便質疑他的觀修，如何修本尊，如何修氣脈明點，尊者又唱歌作答，中有句云：「樂明無念自成就，心中疑結自解脫，法與心合離言說，子母光明融一味。」又說：「有漏貪熾蘊界滅，顯空不二心樂然[3]，證空不

---

[2]　「達馬菩提」是張澄基先生的譯文，未知是否即菩提達摩（Bodhidharma）。

[3]　「顯空不二」，筆者常譯為「現空無二」，二者為同一名詞。

墮知解境，現見空性心樂然，一切無明與迷亂，消入法性大樂哉！」

　　和尚聽了說：「住在地下的鼢鼠，也能冬眠四個月身不動搖，這是它們天生就有的『氣之功德』，可是這些畜牲的『心之功德』卻微細得不及一根馬尾巴！所以你的氣功也正是如此！」於是便要尊者詳細說明他觀修的大手印。尊者於是唱歌說：「我修大手印觀時，心住本然離造作，無散亂中鬆鬆住，空性境中明朗住。」三位和尚於是頂禮，密勒日巴便傳了一些修持口訣，據說他們後來都成為比丘瑜伽士。

　　這是密勒日巴跟法師之間的第一個故事。故事中說到「顯空不二」，然後「證空不墮」、「現見空性」，至於「心住本然」，是即住入本性，這便是依如來藏而觀修的境界，噶舉派的大手印，實亦用如來藏思想為見地。所以密勒日巴的「現見空性」，實亦為現見本性自性空。

　　第二個故事說，雅龍人舉行大宴會，鄉民邀請密勒日巴主僕及寺中和尚參加，在一邊為羅頓，達羅兩位法師設座，一邊為密勒日巴設座。和尚見密勒日巴的弟子大口飲酒，毫無威儀，於是羅頓便走下法座，站在尊者面前，要尊者在大眾面前立一個因明量。這個要求，實在是認為尊者他們不能依因明來解說佛法，只是懂得觀修氣脈明點的瑜伽士。密勒日巴於是答道──

　　　　師傅啊！你最好是不要貪著語言文字，在禪定中，
　　　　心住本來法性；於四威儀中隨治煩惱。這樣就能產
　　　　生正確的功德。不然的話，心為妬忌和五毒等煩惱

所使，將會造致墮入三塗的果報的！所以不要自焚
身心才好。至於你們教派中所說的「因明」，我是
不懂的。我自己的「因明」是依止善妙上師；請求
「因明」口訣，依仗「因明」精進，在「因明」山
谷中修行。這樣就會在身心中產生修持的「因明」
暖相；於是我就自然成為具足信心的施主們之「因
明」福田。你因貪著於說教的「因明」，因而生起
了妒忌「因明」。將來可能會墮入地獄「因明」去
遭受痛苦「因明」的啊！捨此以外，其他的因明我
是一概不懂的。

　　我們詳盡地引錄譯文，實在想表達出如何現證空性。密
勒日巴的回答，即是不住「因明」。因明對思維有用，但對離
言則有害。所謂離言，即是捨離識境的名言句義，因明則恰恰
是用名言句義來推理，是故欲證本性自性空，便非捨離因明不
可。同樣道理，對於「空」，亦不能用「虛空」、「空寂」的
概念來理解，一如觀修的行人，不能落在「因明」來作抉擇與
決定。

　　現在我們只引用譯文中所說的最後一個故事。

　　密勒日巴對和尚說：「法師啊！俗話說得好：『是否吃
了東西，看看臉頰上的紅色就能知道。』是否懂得或修持了佛
法，看看能否克服煩惱及我執也就曉得了。如果能降服煩惱和
我執，那就表示此人懂得佛法，也修持了佛法。否則，縱然能
夠在談話中全佔上風和贏盡一切辯論，而對煩惱及我執卻絲毫
不能遣除，這種『佛法』只是邪知和邪行而已。這種空言的說
法縱然能夠勝利，卻必定會更增強自己的我慢，因而會成為長

期流轉輪迴和墮落地獄之因。所以我認為這種說法和辯論是有損無益的。…現在話已說完，請各位回去吧！」

這一段話，對認識空與空性十分重要，若用「空言的說法」（即非依觀修而說法）來說空，無論說得多麼好聽，文字排列得多麼齊整，依然不能令人脫離煩惱和我執。為甚麼？因為完全是落於識境的名言與概念來說，與佛的內自證智毫無關係。既然與佛智無關，便依然是凡夫的哲學。佛智與凡夫哲學的分別，只在於前者捨離名言句義盡，後者則住在名言句義中。

現在，我們再接著看這故事的下文。

那些和尚聽了尊者所說後依然認為，如果回答不了法上的辯難，那就是愚癡，所以堅持要辯論佛法，並請尊者先提出問題，提出自己的宗義。尊者於是提問道：「虛空是有礙法呢，還是無礙法？」

達羅答道：「從來還沒有人問過這種問題！但是我剛才已經說過，你提出任何問題我都要回答，所以我的回答是：『虛空當然是無礙法。』除此尚有別的可能嗎？」

於是尊者便入「虛空堅固三摩地」，對達羅說：「請你站起來走動一下，把四肢伸縮活動一下。」達羅就試站起來，誰知身體絲毫不能移動，就像四週有堅固的實質包圍着自己的樣子。尊者於是騰身空中行走、踐踏、臥倒、趺坐，就像在實質的地上活動一樣，然後對達羅說：「你方才說虛空決定是無礙，但現在事實證明虛空卻是有礙法。」

尊者又說：「你要我立因明量，我現在便說：眼前這塊

大崖石是無礙法。你認為如何？」

　　達羅說道：「除非是你用邪咒或魔術，崖石當然是有礙法。」

　　尊者即契入虛空遍處三昧，身體隨意穿過崖石，上入下出，下入上出，此入彼出，彼入此出；或半身隱於崖石，半身露外面，再穿石落地。最後尊者擲大崖石於空中，崖石下降時尊者以手托住，吩咐弟子拿一個柱石來，於是將崖石放在柱石之上。

　　達羅認為這是咒術，不能作為因明的量。尊者於是對他們開示六波羅蜜多及十波羅蜜多，然後說：「佛陀薄伽梵於契經中曾經說道：清淨如來藏，遍滿諸眾生，一切諸眾生，即是真佛陀；又說：一切有情皆佛陀，惟為率爾無明遮，破彼無明即成佛。」如是，經過辯論之後，這些法師和尚便誠心皈依密勒日巴了。

　　在這裏，因明家可能會質疑，密勒日巴入三摩地，使虛空變成實質、使崖石變成虛空，那並不是世俗的現量，只能說是定中的境界，因此，會不忿密勒日巴調伏因明法師的方式。但如果懂得四重緣起中最深密的相礙緣起，便當知道，密勒日巴其實即是依相礙緣起而作示現。

　　所謂相礙，亦即是事相顯現的緣。於世俗中，虛空顯現為具足空間、崖石顯現為無有空間，那是在我們這個識境世間中的任運圓成。若任運的緣改變（如依三摩地力），虛空的圓成就會顯現為無有空間的實質，崖石的圓成就會顯現為具足空間。這依然是因緣所生法，所以不能依世俗的現象來否定。如果因明家一定要否定，那麼，就須要否定禪定的境界、三十七

菩提分的四神足、以及佛陀所見的真如。

密勒日巴之所為,目的只有一個,顯示不能根據世俗的名言與句義來認識事物,一定要離開名言句義,然後才能見光明空寂的自心。

前面已經說過,不能由空言說法來認識空與空性。甚麼是空言說法呢?那就是只說一些與修證無關的說話、與成佛之道無關的說話,完全依著名言與句義來推理,他們的推理可能有因明理則的依據,然而所立的宗,唯落名言句義邊,這樣一來,無論如何引經據典來演繹,亦只是冠冕堂皇的理論而已(看互聯網上許多依言取義而說空的文章,就有這個感受!),因為完全與佛無關。既不能依此成佛,亦不是佛的現證,更不是佛的境界,實不能稱為佛法或佛學。

對於空,他們一定以為自己並非依「虛空」來說空,然而他們必然有虛空與非虛空的概念,而且亦必然落在此概念中來理解佛所說的空,最少亦必將虛空來比擬空,因此才會流出「空故緣起」這樣的說法,當這樣說時,他們是依空間有一物,在此空間中便不能另置一物這樣的概念,來成立自己的說法,因此必須有一個空間,然後才能在這空間中生起因緣所生法。如是引申,便成為「空故緣起」了,若不空,即無成立緣起的可能。

筆者這樣說,可能會引起諍論,他們可能說自己並非依虛空來說空,只是依無自性來說空。緣起無自性,由此無自性才能緣起,所以說為「空故緣起」,這樣辯論時只能說是詭辯。緣起無自性,一切諸法亦無自性,如果因為緣起無自性,便可以說「空故緣起」,那為甚麼不可以因為一切諸法無自

性，即說「空故一切諸法」，而偏要說「緣起故空」呢？

　　起諍的人可以說：先要說「緣起故空」，然後才能說一切諸法無自性，因為一切諸法由緣生而成假有，是故無自性空，所以便只能說「緣起故空」，不能說「空故一切諸法」。這樣的答辯，便將緣起與諸法看成是不同時成立，如是即落於三時分別，違反佛之所說。若依此修證，便須將緣起與諸法分別觀修，先觀修諸法如何依緣起而空，再觀修緣起如何依「甚麼」而空。筆者在這裏便要提出一個問題：這個「甚麼」到底是甚麼呢？唯一的可能，便是虛空。

　　說到這裏，讀者便應該理解「空」與「虛空」的問題了。

　　總結來說，若唯依名言句義，違反觀修，可以說「緣起故空，空故緣起」，這充其量只能當是方便；若依離名言句義的觀修，則必須由緣起成立有，然後超越緣起來說空，如是則為：「緣起故有，超越而見性空」，這才是緣起與性空的相互作用。這說法在文字上排列得很不整齊，但並非整齊才是真理。這樣說時，緣起與有實在同時，只是在觀修時，不須觀一切諸法自性空，只須依重重緣起的超越來觀緣起，當現證超越時，諸法自性空便自然同時成立。在這裏，不牽涉空間，亦不牽涉虛空，甚至不牽涉空寂而得空寂，因為重重緣起超越，便即是名言句義的超越。

　　現在，用《無邊莊嚴會》中佛的開示，來總結本文——

　　　　無邊莊嚴，此中菩薩住遍清淨善巧之智，行於辯才，由義覺慧觀察諸法本性自性。然一切法自性無住，無名無相無所建立，無邊建立不可宣示，但以

世俗言詞演說。所有諸法本性自性皆不可說，無來
無去無有文字。文字清淨無有功用，何以故，諸法
本性等虛空故。一切諸法亦復如是，無作無起無相
清淨，以虛空開示演說。此則諸法無門之門，門清
淨故究竟無染，亦不隨染。何以故，諸法究竟不生
不起，所有自性亦不生起。

這段話是接上文說陀羅尼門而說，菩薩入陀羅尼門，即
是「住遍清淨善巧之智」，是即得到一個證量，這證量「遍清
淨」，但非究竟，所以說為「善巧」。因為既遍清淨而又善
巧，所以便可「行於辯才」，「辯才」即是說法，亦可說為
「遍清淨善巧」。

「行於辯才」而用「義覺慧」來觀察諸法的「本性自
性」，即是菩薩之所當為。甚麼是「義覺慧」呢？「慧」亦是
證量，佛的現證稱為智，菩薩的現證則稱為慧。此慧，由義而
得本覺、由所緣境（義）而得本覺，所以稱為「義覺慧」。成
立「義覺慧」這個名相，是為了跟佛的內自證智作區別。

於說法時，須知此義覺慧亦無可表達，只能用「世俗言
詞演說」，而且「諸法本性自性皆不可說」，本性自性「無來
無去無有文字」，所以，便只能「以虛空開示演說」，因為
「諸法本性等虛空故」，如是即為「諸法無門之門」。

在這裏，說諸法本性等虛空，其實即是說諸法本性等同
如來法身，並不是說諸法本性為空。凡在了義經中說「虛
空」，必指如來法身而言。因為施設如來法身為空性，所以比
喻如來法身的虛空才可以說之為空。當我們將「虛空」等同
「空」時，必須如是了知，若貿貿然以虛空為空，而不知如來
法身及如來法身功德義，那便是錯見。這是抉擇「虛空」與

「空」的要害所在，佛稱之為「末摩」（marman）。

六、空就是零

　　說空有兩個重要的盲點，一個是前面說過的「彼此空」，一個是「斷滅空」。彼此空是由「彼」無有而說「此」空；斷滅空是，由「無所有」來遮撥識境，且以為這樣就能出離世間。要去除這兩種空，必須知道「空」到底是甚麼。

　　或者說，不是已經說「本性自性空」了嗎？

　　說本性自性空還不夠，因為對「空」未能了知，就不可能知道一切法以本性為自性，到底是怎麼樣的一個境界。於此境界不知，便依然落在「空」的名言上，這樣一來，於觀修時便受「空」所縛，執一觀修境界為空的境界，由是即受此境界所縛，究竟不能解脫。

　　空的梵文是śūnya，原來的意思便即是零（0）。如果要問空是甚麼，在言說上，便可以直截地回答：空就是0。所以空的境界，便是0的境界。

　　也許有人會說，空的境界，佛說不可思議，那怎樣可以將空說成為0呢？提這問題，依然落在名言邊。0其實亦不可思議，研究數論的人一定知道這點。即使不依數論，若仔細思維，便亦知0不可思議。例如，同樣是0，可以將數字變大，亦可以將數字變小。所以，由0可以變成無限大，亦可以變成無限小。數碼可以思議，1就是1，2就是2，但如果將0等同數碼，便可以說，1不能將數字變大，亦不可以將數字變小，由1的變動不能變成無限大，亦不可能變成無限小。（關於這

些，參考下文說0的定位便當明白。）

　　也許有人又會說，空不是虛無，所以空不是0。那便是將0當成虛無了，在數理上，0一點都不是虛無。如果認為虛無，十進制就不假成立。這就關涉到「0性」（空性）的問題了。

　　空，其實只是佛施設出來的言說，施設是為了溝通，佛不施設「空」這個名言，便無法將密意表達，便無法說出佛內自證智的境界。正因為空只是假施設的名言，所以佛一直強調，不能落於「空」這個名言之上來理解空，若落此名言便無可救藥，比執「自我」的人更難調伏。在言說中，0的性質最可比喻為空的境界，所以佛便直接用0這名言來表達佛內自證智的境界，這境界本無可說，不可思議，也即是絕不能用識境的名言概念來形容它，現在只是在本無可說的情形下，姑且說之為0。

　　依佛密意，我們可以將佛說的0，看成是如來法身、看成是佛內自證智、看成是法界，這三者其實都是同一境界。當我們想說出佛的身、智、界是甚麼一種境界時，便只能施設為0。所以說佛身、智、界空，只是施設，不是真實。

　　依此施設，我們就可以依著0的性質來理解空性。

　　0有甚麼性質？第一，他不代表任何數目；第二，他可以定位任何數目。這恰恰便是空性的涵意。我們可以將佛內自證智境的本性，跟0性（空性）作一比較，在比較中0代表佛內自證智境，數碼代表識境 ——

　　一者，佛內自證智境界不是識境所能顯現的境界，這就

有如0不是任何數碼、不能由數碼將它表達。

　　二者，一切識境世間以及識境世間中的事物，都能依佛內自證智境界（或說依於法界），以此為基，復依緣起而成顯現，這就有如一切數目，依0為基，由0定位（依相礙緣起），如是隨著由1至9的數碼組合而成數目。

　　所以世間一切法，都可以說由空性為基，定位而成。例如我們的世間，便給定位為一度時間，三度空間，因此一切事物便顯現為由幼至老，而且必須成為立體。再說，在識境世間中，可以隨緣顯現為人，可以隨緣顯現為螞蟻；可以隨緣顯現為山，可以隨緣顯現為海；可以隨緣顯現為森林，可以隨緣顯現為草地，這都可以說是由空性來定位。

　　不但世間一切法由空性定位，出世間一切法亦可以說由空性定位。很簡單，佛內自證智境界既已施設為空，便即已受空性定位。因為當將佛內自證智境界施設為空時，這境界便自然具有空性。

　　在這裡須要注意，識境的成立，以及佛內自證智境界，是由「空性」來定位，亦即依空的性質來成立，不是由「空」來成立，只是在言說上，我們將空性定位出來的境界，說為空的境界，一如依0的性質而定位的數目，說為依0而定位。

　　正因為由空性定位世間出世間一切法，所以龍樹才會說：「以有空義故，一切法得成，若無空義者，一切則不成。」這裡說的是，一切法依著空性（空義）而成立，能成立一切法的，便是空性。也即是說，人能認識的只是空性，而不是空這個境界，空這境界（如實而言，應當說「佛內自證智境界」），須成佛時才能現證。

關於0性的定位，可以說明一下。

例如1234，我們看見這個數目，就會理解是「一千二百三十四」。1這個數碼，為甚麼會變成一千、2這個數碼，為甚麼會變成二百、3這個數碼，為甚麼會變成三十、4這個數碼，為甚麼會變成單位四。這便完全是由0定位的作用。因為在1這個數碼背後有四個0將他定位，成為0000，1佔據著首位，所以便是1000，在數目便是一千。其餘的定位亦同一道理。

我們說空性，亦可以依0的定位性來理解，由此理解，也便同時理解了0。所以對於空，亦須由空性來理解，倘若反過來，由空來定義空性，由於空的真實狀況根本無法用識境的語言來說明，所以便連空性亦無法理解。

是故龍樹在《中論・觀如來品》說：「空則不可說，非空不可說，共不共叵說，但以假名說。」由此可知，由空性來理解空是正見，若由空來說空性，則實不可說。因為這樣，我們在本書中所解釋的其實只是空性，並不是直接解釋空，對於空，唯有依空性來理解；觀修空，其實亦是依空性來現證。

說0不可思議，亦可依定位來理解。

此如數碼1，由0定位，可以是10，以至10000000000……，顯現的數碼是1，但卻可以變成無限大。假如是0.1，亦可以定位成0.00000……1，這樣便成無限小，而顯現的數碼亦無非只是1。這樣便是定位的功能，也可以說是空性的功能。

所以由如來法身功德成就識境，說是無量無邊。無量，即是其量無可限制；說是無邊，即是其定位不落邊際，有如數

碼，0的定位不落大邊，亦不落小邊，同時，0的本性，亦不落
有邊，不落無邊。0不顯現為任何數碼，即是不落有邊；0上有
數碼自顯現成為數目，即是不落無邊。

　　由0不代表任何數碼，而可定位任何數碼而成數目，即可
說如來法身憑藉功德，雖不造作任何識境，但卻可定位任何識
境而顯現一切諸法，亦即可說，空雖非識境，但憑藉空性而可
定位一切識境，成就識境中一切諸法。必須依此理解，才能對
空起正見，否則必落邊際。倘若不依觀修來理解「緣起性
空」，唯依名言句義來推理，即使符合因明、正理，實在亦已
經落邊。無論落「緣起」邊、「性空」邊、或「緣起性空」
邊，都無非只是識境中事，是即落於識境邊際。學佛既須離識
境，卻偏住於識境中企圖悟入勝義，一但執為宗見，便終身不
得究竟。

　　所以，理解空即是0，由是理解如來法身以及如來法身功
德，並由此本性而說一切諸法自性空，實在是學佛的人必須了
知的事，除此以外，說空都不得究竟。

　　在《無邊莊嚴會》中，佛說：「**無邊莊嚴，汝今當觀一
切諸法，本性皆空，自性寂靜，無有作者**」所說即為究竟。知
本性皆空，於是一切諸法自性空，其空，實離名言句義而空，
不依任何施設而空，所以說「**無有作者**」。如此說來，依「緣
起」而說「自性空」，實在已將「緣起」說為「自性空」的作
者。已經說過，只僅於言說上認可，於觀修上則成邊見。所以
觀修時才重重超越緣起，重重成立緣起有與空性，如是空有雙
運，才能避免說「緣起性空」而落邊。

　　筆者強調不能將「緣起故空，空故緣起」視為理解空性

的見地，並非否定方便的言說，而是強調這方便說，容易令觀修行人由執著言說而落邊，於是便成為跟佛學、佛法、入佛道，以至成佛都無關係的見地。

七、緣起與自性

今人說空性，多由緣起與自性而說，這裏且一談這兩個名相。

說緣起，宗喀巴大士說得最為透澈，他的《佛理精華緣起理讚》有現代譯本，由多識活佛譯出，現在即依其譯本略加宣說。

為甚麼要說緣起，宗喀巴有偈頌說 ——

> 世間中的一切憂患　其根源是心智愚暗
> 明見此理可以根治　故此講說依存因緣

通達緣起理，才可以去除心智的愚暗，由是去除一切憂患。緣起理即是一切諸法的「依存因緣」，由此依存才能成為有，亦即成為存在或顯現。知一切諸法如是而有，對識境世間便能洞察，由是不至為世間的名言句義所縛，這樣才是「出離」。所以通達「緣起理」，便即是通達「出離理」。

不知緣起與出離的關係，便常有謬說。多識活佛便引過一個例子，筆者且借之舉例。

有一位聲名響上雲霄的儒釋道大師，講空的時候說：「像手表，沒造之前就沒有手表，手表壞了以後，也沒有手表，這就是物我的空性。」

　　多識活佛批評道：「怎麼能這麼講呢？這種程度就不須要用哲學的高度來理解，任何人都可以理解到了。如果任何人都可以理解的話，那麼為甚麼佛還要花這麼大的功夫，來宣揚這個東西呢？為甚麼說悟了以後才能知道這個東西呢？為甚麼說離戲論呢？」

　　這個批評十分正確，不能因為這位大師有很響的名聲，就不加以批評。如果不從緣起來實證一切諸法本性自性空（大師說為「物我的空性」），那就根本不能說空。這位大師更錯的是，落於生滅現象來說空，如果空可以由現象來說，一切佛家經論都無須成立，在筆者的家鄉，連老太婆都懂得說：「金也空，銀也空，死後何曾在手中。」這也便即是大師所說的「物我空性」了，如果正確，筆者家鄉很多老太婆都應已成佛。多識活佛說的「離戲論」，才是真實的出離，亦必須理解緣起，才能離戲論，作種種謬論的人，便恰恰不知道這一點，根本沒有圍繞着「出離」這個主題來說空，這樣，便不知道成立緣起的重要。

　　此外，筆者還看過另外一位大師對着千餘人說法，他怎樣說空呢？他說：皮包空才可以盛東西、車卡空才可以載人，這就是「真空妙有」了。這樣來說空，便如老太婆說空都不如，更不要說離戲論了。

　　宗大士有偈頌說 ——

> 從來沒有一樣事物　　不是依緣存在之物
> 所以沒有一樣事物　　不是自性空無之物

　　宗大士一定經過觀修，然後才作出這樣的結論，他絕不是空言推理。一切諸法依緣存在，觀修時依緣觀察，於是重重

緣起超越,得究竟決定,無一法不是自性空,這就不是從識境
的現象來作決定,而且當重重超越緣起時,便即是重重離戲
論,由此觀修才能成出離。這就不是那位大師所說,亦非老太
婆所說,因為是離現象的名言而得決定,並不是依生滅現象來
說「物我的空性」。

而且,若依識境現象來理解空,一定陷於有、無的邊
際,那位大師所說的便是有手表與無手表,老太婆所說的,便
是有金有銀與無金無銀,既落有無邊際,自然不能出離,所以
在《入楞伽經》中,佛才指出,說兔無角,說牛有角,都非中
道,必須去除「角」這個概念,然後始能證入中道。如果落入
現象的邊際,可以說兔無角、牛有角是現量,怎能說錯,然
而,正因為這現量落於識境邊,所以只能是識境邊際的真實,
而非佛所說的中道。

拿「緣生性空」來說,必須「緣生」與「性空」雙運,
才能離有無邊而離戲論。宗大士有偈頌說 ——

> 因視一切依緣而有　故不陷入絕對有無
> 這是救世佛陀之言　所向無敵原因所在

這即是說,「緣起有」並非絕對的有,當然亦不是絕對
的無,是即雙運。更說 ——

> 凡這一切均無自性　但從緣合生相應果
> 根本對立兩種性質　互不妨礙相互依存
>
> 沒有比這更奇妙事　沒有比這更高超理
> 以您宣揚此理作讚　那是絕妙無比讚詞

所以「緣起有」與「自性空」並非相對而建立,實在是

空有雙運。正因為是雙運，所以看似獨立的相對，是即可以並存。宗大士還用一個偈頌來指示我們 ——

> 自性絕對不依作用　　因緣相對作用形成
> 互不相容兩種性質　　一物之中如何並存

　　這偈頌便是宗大士由觀修所得的決定。對於「自性空」的「自性」，宗大士將之決定為「絕對，不依作用」，是即對所空的自性立一決定見；對於緣起的「因緣」，宗大士將之決定為「相對，作用形成」，是即對緣起的因緣立一決定見。這些見地必然是由觀修而得，否則不能說得這麼斬釘截鐵。猶記當年，敦珠法王曾談到《緣起理讚》，便以此兩句偈文為例，說觀修的抉擇與決定，所以宗大士的偈文一定不是言說上的推理。

　　先說「因緣」這一句偈，不能因為宗大士在頌文中提到「眾緣和合」，便以為他只說「業因緣起」（格魯派稱為「相連緣起」），與筆者所說的四重緣起不合，宗大士說緣起並非只說一重，在《中論廣釋・正理海》（*Rigs pa rgya mtsho*）中即說 ——

> 此說為差別事緣起者，可解釋成有為法之緣起。彼復說為「相連」（phrad）、「相對」（ltos）、「相依」（rten）等三種異名。

　　如是以說「於一切所知之生起」，即認為對一切所知皆依此三種因緣而生。既然這樣說，可見他不可能唯依相連緣起而作觀修。

　　那麼，為甚麼宗大士又說「因緣相對」呢？實則四重緣起都可視為相對。於業因緣起，房屋是「自」、磚瓦木石是

「他」，自他即可視為相對；於相依緣起，說「父」名依「子」名而有，是故說「有子始有父」，父子二名亦可視為相對；於相對緣起，或說有長始有短，或有短始有長，長短當然是相對；至於相礙緣起，藉如來法身功德，任運而圓成一切諸法，若落言說，法身功德為智境，一切諸法為識境，智境亦可說為與識境相對，所以，當述說頌文時，宗大士統稱之為「因緣相對」，並非只說「因緣和合」這一重緣起。

現在，回頭再說「自性絕對不依作用」這一句。

「絕對」即是離二法（離相依相對），亦即唯一，凡因緣所生法，必非唯一，所以一切緣起有，便必非絕對。如是決定，即可由觀修而現證，一切諸法非唯一而不成自性。

「不依作用」即非由事物的相互作用而成，如由長成立短，即依二者的比較，比較便是作用，所以短，是依長的作用而成，反之亦然。現在說為自性空的自性，是不依作用的自性，亦即不依緣起的自性，然而一切「緣起有」，必依緣起作用，所以可以決定這樣的自性為無有，由是觀修而現證，一切諸法即非不依作用而不成自性。

宗大士在《緣起理讚》中雖然沒有提到「本性自性」，但他讚歎道——

　　您親預言準確解說　　無比優越大乘之法
　　排除有無二邊戲論　　龍樹理論夜荷花田

既然說到「大乘之法」，那就應該不排除本性自性之法。現在我們且用宗大士的說法來觀察「本性自性」。

本性是佛內自證智境界的自性，這就符合「絕對」。佛

內自證智只能是唯一，不與識境中任何名言句義相對，而且，佛內自證智境界亦絕非與識境相對，這就符合宗大士「自性絕對」的決定見。

佛內自證智境界當然不依任何作用而成立，正因為凡夫心識依於作用，是故才有無明，因此，這亦便符合宗大士說自性「不依作用」的決定。

由此二種觀察，便可以說，將自性說為本性，這自性便可以成立，而且是離一切戲論而成立。因此在言說上成立本性，說為超越緣起的自性，亦即法身的自性、佛智的自性、法界的自性，便正符合宗喀巴大上所說的緣起理。

宗大士說「佛法三根本」，首說出離世間，因此，他當然是依出離世間而說緣生性空，亦必歸結為本性自性，才能令世間名言句義盡，才能無捨離而成出離。依筆者的體會，這應該即是《緣起理讚》的密意。若依緣起而知空性，必須了知這兩句偈文 ——「自性絕對不依作用　因緣相對作用形成」。

《緣起理讚》有一頌說 ——

　　如此珍貴無比之法　　卻被學淺無知之輩
　　搞得如像馬蘭花草　　交錯倒置亂無頭緒

這是宗大士的甚深感慨，譬如皮包空、手表壞，如此說空，便即是馬蘭花草，甚至說「空故緣起」，亦有馬蘭花草的嫌疑。

八、三種心境界

由心觀察諸法，有三種境界。依次第是：唯識宗的「唯

識無境」、華嚴宗的「一切唯心造」、如來藏的「唯心所自見」。這三種境界皆依空性而成立，然而唯識宗只依識境空性、華嚴宗所說的空性則周遍法界、如來藏系統所說的空性，不僅周遍法界，而且是依智識雙運而說。這即是三種境界的分別。

　　一者，先說唯識宗。

　　說「唯識無境」，若通俗而言可以這樣解說：外境唯藉心識而成變現，心識不同，變現出來的外境便亦不同。依唯識宗的舉例，譬如人見為水，餓鬼見之則為膿血。同一事物，何以可見為水，亦可見為膿血，這便是因為人的心識與餓鬼的心識不同而致。至於心識與業力習氣有關等等，姑且不論，現在只須要知道，水能隨心識成不同的種種相，便可以定義「唯識無境」了。無境是說外境不實，由此不實即可說之為空，因為不實即無本體，這是依本體而說空，非如中觀宗依自性而說空。

　　但如果光是這樣來理解「唯識無境」，卻可能誤會，以為是脫離緣起而說一切諸法空。其實，唯識宗亦依彌勒瑜伽行說「三性三無性」，所說三性的「遍計自性」、「依他自性」、「圓成自性」，實在都是緣起。一切法由遍計而成為有，此遍計即依因緣；一切法依依他而成為有，此依他即是相依、相對，是故亦是因緣；一切法依圓成而成為有，這更是如來藏所說的相礙緣起，一切法都要適應相礙然後才能圓成，這適應稱為「任運」，所以說為「任運圓成」，這便是圓成自性的究竟義。倘如能這樣來理解唯識宗之所說，便不會將「唯識無境」看成是跟龍樹論師所說的「緣生性空」為異調。

　　成立「唯識無境」，實在是成立心識與外境相依。心識的功能是分別，分別的對象是外境，用佛學名言來說，心識是「能分別」，外境是「所分別」。「唯識無境」即是說：「所分別」不能離「能分別」而成顯現，因此決定：外境不能離心識而成變現。

　　當這樣決定時，便引出一個問題，若外境不在心識所緣境內，那麼，這些外境是否亦是「唯識無境」呢？如果是，那麼怎能說外境由心識變現，因為這外境已非心識所緣境（已非對境）；如果不是，那麼便有兩種外境，一為行者心識之所緣，「唯識無境」、一為行者心識所緣以外，是非「唯識無境」。這樣成立，並不合理。

　　對於這個問題，我們可以這樣來觀察：

　　「唯識無境」所說的「境」，不錯，唯只指對境，若非心識所緣，其外境如何，便不是「唯識無境」範圍之內的事。不過，說心識所緣，範圍亦包括認知，所以亦包括由名言句義而成立的一切法，非只是眼、耳、鼻、舌、身、意之所緣。例如原子，非眼等所能現見，但我們卻可以由科學得認知原子的概念，心識依此概念而緣原子，此原子便亦在「唯識無境」範圍之內。所以「唯識無境」的範圍實已包括一切法，因此，不能說唯識家有兩種外境。

　　如實而言，「唯識無境」實在是為了觀修而成立，行者觀修必有所緣境，如觀虛空、如觀本尊，若將所緣境執實，那麼便成為觀修上的最大障礙。所以，未說唯識無境的觀修，對於虛空，便要說：如果虛空實在，那麼便應該看見飛鳥足跡，如是破行人對虛空的實事執。更者，因為行人常將虛空當成是

空性的境界，執虛空便成空執，以空為實有，並且認為觀虛空即是現觀空性，現在一提出「唯識無境」，決定虛空既是所緣境，無非亦唯識變現，於是行者的空執即可解除。所以觀修如來藏的行人，於入手時，亦必依唯識為道，由「唯識無境」來簡別外境。因此，若否定唯識，對修行實成障礙，所以《大般若經》亦說三自性，《入楞伽經》亦說八識。

但由「唯識無境」，又可以引出一個觀修上的問題，這個問題實在很嚴肅，並非有意啟諍。

心識所緣的對境雖非實有，然而，能緣對境的心識是否實有呢？

唯識宗的說法很簡單。對境是所知，心識是能知，若所知不是實法，能知便當亦不是實法，所以《辨中邊論》說：「依境無所得，識無所得生」。

對這說法，中觀宗論師便有諍論。

中觀宗論師普遍認為，唯識宗只能說外境不成實有，但心識則是實有。唯識宗論師當然對這說法不服，因為他們已經說「識無所得生」了。可是中觀宗論師卻可以依觀修來起諍——

你們是先由「心識非實無」，然後才能成立「外境非實有」；接著，你們又根據「外境非實有」，來成立「心識非實有」，這樣，實在是由兩次推理來說外境與心識都非實有。可是推理的根源，卻是「心識非實無」，因此你們實在是將心識視為實事。最好的證據便是你們成立「自證分」。

「自證」應該即是對「對境」的決定，你們將「相分」

定義為所知、「見分」定義為能知、「自證分」定義為能知之智，所以說相分如布、見分如尺、自證分如能知量度尺寸之智，這樣一來，即使依你們的推理，最多也只能說，能知的心識隨所知的對境而成無有，不能推理而說：知道量度數目的心識亦為無有。因為這「自證分」的對境並不是布，而是布的長短。

這樣一來，除非你又拿「布的長短」為對境，然後再由見分、相分來說「唯識無境」，這樣「布的長短」不是實事了，於是，你又再用「依境無所得，識無所得生」來說緣布而自證的「自證分」無有，這樣，才能證明不以心識為實事，可是，這時候緣「布長短」而自證的「自證分」又在那裏呢？如是，輾轉相求，即成無盡，這顯然不是觀修之所為。

由這質疑，所以一切中觀師都認為唯識宗有實事執，執心識為實事，至今尚未見唯識家作出有力的辨解，他們只能引經據典，說自宗亦說心識無有。

關於這些諍論，已經糾纏了千百年。但若參考《顯揚聖教論・成瑜伽品》，有偈頌言——

> 般若度瑜伽　　等至無分別
> 一切一切種　　無有分別故

此說於「等至」（定）中，「一切」與「一切種」無分別。此中「一切」指所知境、能知智、能知者，是即相分、見分、自證分，三者都無分別；「一切種」指名相、染淨、俱非三種相，一切諸法都在這三種相範圍之內，所以，「一切種」可以理解為一切諸法。是即所謂「一切」與「一切種」無分別，便可以理解為：一切諸法、對境、能知對境智、觀修等至

的行人，都無分別。這樣一來，由對境無有，成立心識無有，便變成是觀修的決定。如是決定十分明快，若不用「唯識無境」的見地，很難成立於等至中一切一切種無分別。是故筆者認為，若依觀修，必須先依「唯識無境」，至於純落在理論邊來探討，可以說為佛學的研究，一切疑問都僅是探討而已，與觀修之所為，關係很少。

次者，說華嚴宗的「一切唯心造」。

「一切唯心造」不同「唯識無境」。「唯識無境」是指所知的對境必相應能知的心識而成變現，這時，只是說對境的相，實未牽涉及對境的性，只因為相可變現而無定相，是故說本體為空，因為若有本體就必有定相，所以唯識家從來沒有說「唯性無境，故無自性」。「一切唯心造」則不然，實在是由一切法的自性而說，而且是立足於本性自性而說。

說「一切唯心造」，若不知本性自性，但說如來菩薩、男女老少、山河大地都唯心造，那便只是高論而已，並未觸及「一切唯心造」的真實義。

此事須從頭說起。

《華嚴經》說一切唯心造，是在夜摩宮中，諸菩薩「俱從十萬佛剎微塵數國土外諸世界中而來集會」，這是一次超越時方世界的集會，所以在會中作偈讚的菩薩，其偈頌便都與超越時方的如來法身有關，由是對會中覺林菩薩所說的「一切唯心造」亦必須依如來法身來理解。

會中作偈讚的菩薩，除覺林菩薩外，其名為功德林菩薩、慧林菩薩、勝林菩薩、無畏林菩薩、慚愧林菩薩、精進林

菩薩、力林菩薩、行林菩薩、覺林菩薩、智林菩薩，他們的讚頌，各各主題悉如其名，今略說如下——

功德林菩薩所讚，即是佛的功德。佛的功德離一多相對，而且周遍一切界，所以說：「如此會所見，一切處咸爾」、「彼諸菩薩眾，皆同我等名……所從諸世界，名號亦無別」、「彼諸如來等，名號悉亦同」、「一身無量身，其相不可得」，這即是說離一多。由離一多才可以說周遍，因離一多始無範限，更說：「十方一切處，皆謂佛在此」、「如來普安住，一切諸國土」、「是故佛威力，充遍難思議」、「遊行十方界，如空無所礙」。這即是說佛功德周遍。所說的功德，當然是如來法身功德。

慧林菩薩所讚，是依如來法身密意，由報身、化身佛依識境相顯示密意的「慧」。此以法身為智，落於識境則為慧，所以說：「為眾廣開演，饒益諸群生，如來出世間，為世除癡冥，如是世間燈，希有難可見」。眾生若依識境相，此如依釋迦的言說，只能不落三惡趣，如言：「若有得見聞，清淨天人師，永出諸惡趣，捨離一切苦」，復須「無量無數劫，修習菩提行」依如來法身密意而成佛。

勝林菩薩所讚，即是本性自性。由「赫日揚光暉，十方靡不充」、「諸佛亦如是，功德無邊際」，說如來法身功德周遍一切世界，是故成就一切世間。然而，「諸法無來處，亦無能作者，無有所從生，不可得分別」，由是世間一切諸法，實無來處，亦無所從生，唯藉如來法身功德而生，因而一切諸法無有分別，故可決定「諸法無生故，自性無所有」。這便是說識境中一切諸法的自性，實即如來法身的自性，若說如來法身自性為本性，則一切法便是本性自性。關於這些，在《華嚴

經》中多處有廣說。

　　無畏林菩薩所讚，是密意與言說雙運境，亦可以說即是如來藏的智識雙運境，所以說：「如來廣大身，究竟於法界，不離於此座，而遍一切處」、「專心欲聽聞，如來自在力，如是諸佛法，是無上菩提」。如來不起於座，但其言說亦是無上菩提，所以密意不離言說而成了知，因為佛的言說亦不離密意。在這裏，是將功德林與慧林二菩薩的偈讚雙運而說。

　　舉此數例，便知十位菩薩的偈讚都不離如來法身、如來法身功德而說，所以覺林菩薩的偈讚，實在亦是讚如來法身，由「覺」而讚，即是讚如來內自證智。一切眾生心，實有如來法身具在，所以若能自知心中有如來，便即是「覺」。

　　於眾生中以人為例，人實由見心的行相而見對境，這心的行相，實在是依如來法身功德而成立，但眾生不覺，於是便依世間的名言句義而認知這心的行相，那便是依識而觀、依識而覺，是為識覺，一般稱為覺受。若知心的行相，實在是依如來法身功德而成顯現，如是認識識境，便知一切顯現，非由無明的心識所造，實為法性所造。

　　在覺林菩薩的偈讚中，將心性自顯現說為「譬如工畫師，分布諸彩色」，那便是依識境的名言句義來成立世間，因此又說：「譬如工畫師，不能知自心」。可是，「而由心故畫，諸法性如是」，是即說，非唯依心性始能成立世間，成立世間的其實是依法性，而且，心性所成立的世間，只是識境的顯現相，法性成立世間，則為本然的真實，所以說為實相。

　　所以「心如工畫師，能畫諸世間」，實在是法性自顯現，此法性於心中本來具足，以本來具足如來故，所以覺林菩

薩即依決定而言：「如心佛亦爾，如佛眾生然，應知佛與心，體性皆無盡，若人知心行，普造諸世間，是人則見佛，了佛真實性」。然則如何得證如來內自證智，則是「若人欲了知，三世一切佛，應觀法界性，一切唯心造」。

在這裏，是由觀法界性來成立一切唯心造，所說的並不是凡夫的心識，不是凡夫的心性，而是凡夫心中本具的如來本性，亦可說為法性。一切法本性自性，是故能造萬象的必為本性的心、法性的心，此心由覺而知，故為覺林菩薩所讚。「林」的意思是聚處，覺林菩薩即是佛覺聚處的顯現，知此名號即知何謂「一切唯心造」。

現在很多人將「一切唯心造」，看成是造物質世界，而且還想證明，有一種「心力」可以創造物質，這實在是對覺林菩薩誹謗。明明說是「覺林」，說是對如來及如來法身功德的「覺」，那麼，焉能由一種「覺」來創造物質世界呢？

「覺」如來法身功德則不同。由如來法身功德才能成就識境，是即可以說，一切諸法實藉如來法身功德而成立，所以便可以說為，由此「覺心」成立一切法，說「一切唯心造」必須是這個意思。覺林菩薩的讚偈，從來沒有說由心可以造物質世界，他只是將心譬喻為畫師，說「而由心故畫，諸法性如是」，心畫出來的是心的行相，心的行相則依法性自顯現，這才是「心如工畫師，能畫諸世間」。所以覺林菩薩才會說「若人知心行，普造諸世間，是人則見佛，了佛真實性」，這是由法界性而說「一切唯心造」，完全與所謂「心力」無關。

成立「一切唯心造」才可以成立「普賢行」。在《華嚴經·菩賢行品》中說菩賢行，說言：「於一微塵中，悉見諸世界」、「一一塵中有，十方三世佛」、「一一塵中有，無量種

佛剎」,因此便是「如來法身藏,普入世間中,雖在於世間,
於世無所著」、「法性無來去,不著我我所,譬如工幻師,示
現種種事」,這便即是華嚴宗所說的「法界緣起」。由法界緣
起成立,是由「理」成立,並不是由「事」成立。一切諸法由
理成立,便不是成立「一因」,倘若說由「心力」可以創造物
質,那便是「一因外道」的說法。

筆者對此反覆申明,實在是不想見到華嚴教法受到誹
謗。

最後說「唯心所自見」。

「唯心所自見」是《入楞伽經》的說法,他固然不同
「唯識無境」,跟「一切唯心造」亦有差別。「一切唯心造」
是由覺法界而知諸法緣起,因此一切諸法無礙,事事無礙(心
性自顯現中,一法不礙一法)、事理無礙(心性自顯現即是法
性自顯現),由是成立一切心行相即是諸法自顯現。在這裏,
是將心放在主觀地位。當說「唯心所自見」時,心則是客觀的
覺受。同時,還顯示出大平等性。

也即是說,「唯識無境」與「一切唯心造」都有主觀成
分,只是當說「唯識無境」時,必須先成立心識實有;說「一
切唯心造」時,則並不須要將心識作實,心的行相依如來法身
功德,此功德本然,依本性自性亦可說為空性,所以在這裏,
已經成立空性的心。當說「唯心所自見」時,這便是將心視為
客觀的覺受。可是,佛亦未將心看成是客觀的存在,因為佛強
調「自現證」,既然是「自現證」,便當然亦有主觀因素,若
依佛的言說,這可以看成是離主觀客觀的中道心。一切法都唯
此中道心之所見而成立,這中道心即是一切相對法平等,不但

識境中心識與對境平等，即在法界中，輪迴亦與涅槃平等、凡夫亦與諸佛平等。

《入楞伽經・無常品》有偈頌說 ──

> 一切外道之所說　　無義利而唯世論
> 彼所樂着因果見　　非由自證而成立
> 唯我所教弟子者　　自現證而離因果
> 由是而得離世論[4]

這是成立「唯心所自見」的前提。「世論」不離因果，因為識境不離因果；佛內自證則離因果，因為佛智必離因果。由是，依識境來看世間，或依智境來看世間，便成為外道與佛的分別。所以須先成立「自現證」，才能由智識雙運來「唯心所自見」。

是故又有偈頌說 ──

> 無有而唯心自見　　二取亦唯由於心
> 能取所取成有境　　此則離於常斷邊
> 凡於心起動亂者　　是即說為世間論
> 若時分別都不起　　世間即為心自見

在這裏，說一切法無有而「唯心自見」，「唯」的是離世論的「心」，亦即離識境的心，識境心本質起分別，當證入佛智時，始能「分別都不起」，所以智識雙運的心，即能自見世間，且見大平等性。

因此，說「唯心所自見」便即是「幻師見所幻人」，這是很好的比喻。魔術師見自己變幻出來的事物，在形相上，必

─────────────

[4]　依拙譯《入楞伽經梵本新譯》，台北：全佛文化，2005。下同。

然與觀眾所見相同,因此佛見世間一切形色,亦必然與世人所見的形色相同。然而,雖然所見相同,但見地則必不同,魔術師變一個人出來,他洞悉變幻的內幕,自然不會驚訝,觀眾則會驚訝。這便可以說,魔術師之所見實無分別,「唯心所自見」,觀眾則落於分別心而見。

接著,還有很重要的偈頌 ——

> 來謂外境生為事　　去則不見於事生
> 若能了知來與去　　分別即然成寂息

龍樹《中論》說八不,先說不生不滅,再說不常不斷,更說不一不異,最後才說到不來不去,這不來不去便即是上引偈頌之所說。

現在說《中論》的學者,常將八不等同,所以他們認為「不來不去」便即是不生不滅,由此偈頌,便可知道這說法不能成立。頌言「來謂外境生為事,去則不見於事生」,雖然很容易給人誤會即是說生滅,其實不是,如果是說「生」,便應該說「生謂外境生為事」,現在偏偏要說「來」,足見「來」與「生」實有不同的涵意。

這裏說「來謂外境生為事」,是說心性自顯現,並不是一般所說的「生」。一般說「生」,只是說外境顯現,並不牽涉到心性,但說「來」時,則與心識有關,這裏,可以引經文作證。

偈頌之前有大段經文,說有外道婆羅門來跟釋迦辯難,釋迦說,他所說的一切都是世論(識境的言說),由是置而不答,接著便說及心識,釋迦說 ——

> 簡言之，婆羅門，若有識之來去，則現生滅求戀，
> 若受若見若觸若住，取種種相，和合相續，於愛於
> 因而生計著，皆汝世論，非是我法。

這段經文的意思是，見識境的生滅現象，實源於有心識來去，因此，外道婆羅門的種種世論，看來似是說識境中種種現象（「生滅求戀，若受若見若觸若住」），並由是落於識境而成計著，實際上卻是不知一切都是心識的來去。所謂心識來去，便即是一切法在心識中自顯現，或顯現後更不顯現。所以佛家觀修必須先認識這點，依此抉擇，然後觀修。

說得更清楚一點，若落於世論，則唯執生滅現象為實，說來去，則是認識心識現象。心識現象雖然亦可說為世論，但若離世論，則能了知心識實無來去，是即「不來不去」，由是入無分別，這就是頌文說的「若能了知來與去，分別即然成寂息」。這便是成立「唯心所自見」的智境。

總言之，識境中一切諸法實依如來法身功德而自顯現，由是成世間一切現象，若唯依現象而見，則見有生有滅。若知依現象而見實在只是心識的來去，那麼便見到心識的分別（因為去來的分別，便即是心識的分別）。這樣才能由「若能了知來與去」而成「分別即然成寂息」的現證。

這便是如下經文之所說——

> 復次，大慧，有異彼者，以一切智，作獅子吼，於智中解說涅槃。涅槃即住於證知無有而唯心自見處，於中不取外境為有或非有，遠離四句，住於如實而內觀；以唯心自見而不墮入二邊之分別。

遠離分別心所見，是即依佛內自證智的後得而見，那便是「唯心所自見」。唯心所自見相便是經文所說的：不取外境為有或非有、遠離四句、不落二邊。

然則如何才能成就唯心所自見呢？

《入楞伽經‧集三萬六千一切法品》有大段經文，說菩薩如何能成大修行者，便是依心識與外境而建立四次第，由是現證唯心所自見，這亦可以說是現證般若智、現證空性。此四次第為：觀自心所現；遠離生住滅想；善見外境無有；求得內自證聖智相。

一、觀察自心所現，經言：「**謂由認知三界無有而唯心**」，這是說三界皆依分別心而成顯現，是即「**由無始時來遍計妄見習氣聚所熏，三界由是顯現**」。菩薩須由觀察自心而知分別遍計。這次第亦可以說為相當於甯瑪派的業因緣起，因為習氣即依業為因。

二、遠離生住滅想，經言：「**謂一切法如夢幻而生起形色，唯實無有生起，以無有一法為自生、他生、俱生故。行者既見外有境唯與心相應，且見諸識無有動搖，三界無非為一複雜因緣網，但唯分別，即可觀內外一切法遠離屬性，於其自性實不可得，是即不成生見。**」這是由觀察自心進一步觀察心識實無動搖，由是遠離生住滅想。所謂心識實無動搖，即是心識本無分別，由是認識心識與外境的本然關係，這樣便能超越唯識的唯識無境。這次第亦可說為相當於甯瑪派的相依緣起，認識心識與外境相依的真實。

三、善見外境無有，經言：「**此謂一切法如陽燄、如夢、如髮網。**」見外境如陽燄，即似水非水而似實非實；見外

境如夢，即夢境似實而非實；見外境如髮網，即為病眼所見，似實非實。是即一切法的有無，都似實非實，於識境中似實，於智識雙運的自現證境界中則非實，這亦即是「一切唯心造」之所造，法性自顯現一切非實，分別心即可造為真實。這次第亦可說為相當於甯瑪派的相對緣起，心性與法性相對，離此相對然後善見外境無有。

四、求得內自證聖智相，經言：「**見一切法體性宛然有者，實因無始時來由遍計妄想成熟之分別習氣起計着。菩薩摩訶薩須於此求得聖智自證。**」這說法，便即是彌勒瑜伽行所說的，於相依上離遍計，即證得圓成自性相。這須要由相礙緣起來解釋。依相礙緣起，說一切法依如來法身功德，適應種種相礙（任運），由是圓成自顯現，這即是「任運圓成」，亦即圓成自性相。在這裏，已經離開相依相對，亦離開心識而成立一切法，諸法只是自任運、自圓成、自顯現，遠離生滅、常斷、一異、來去，所以是諸佛內自證智相，是即實相。這次第亦可說為相當於甯瑪派的相礙緣起。

將上來所說總結，便可以歸納為三句：1）依識境心性，可以說為「唯識無境」；2）依智境心法性，可以說為「一切唯心造」；3）依佛內自證智，可以說為「唯心所自見」。這三句，亦可以視為佛的三系判教。

由這三種心的境界，便可以知道空性的真實義，亦即可以次第了知，空性不由緣生而成立，實在由超越因緣而成立，所以對「緣生性空」的正解，應該是：超越「緣生」，成立「性空」，若說「因為緣生，所以性空」，那充其量亦只能說是方便言說。

九、究竟離空而説空

欲究竟説空,必須離「空」而説。一如説兔角牛角,必
須離角而説。

龍樹《法界讚》有一頌言 ——

> 以兔角喻牛角喻　此為如來所現證
> 是故於彼一切法　除中道外無所有[5]

此頌所説,實引用《入楞伽經・集三萬六千一切法
品》。為甚麼「世論」會落於有無二見呢?在經中,釋迦説有
兩種情形。

第一種是執著於「無」,外道斷言:一切法自性會隨因
而壞滅,是故無有。釋迦説這種見地,有如依分別見而説兔角
無有。

第二種是執著於「有」,有一類外道依大種、求那、極
微、實境而説諸法有。釋迦説這些見地,有如執著於兔無角而
牛有角。

對兔角牛角,釋迦説是「非有非非有」,這裏説的「非
有」並不等於無,這裏説的「非非有」並不等於有。「非有非
非有」的意思是,當説為「非有」時,同時亦否定此「非有」
(故説為「非非有」),二者同時,所以便是「非有非非
有」,這便是佛的辯證,龍樹認為這便是釋迦所説的中道,必
須依此中道見,然後才能正見一切法,因此説為釋迦的現證。

5　依拙擇,見《四重緣起深般若》第四章附錄。台北:全佛文化,2005。

　　在這裏，釋迦認為落有無二邊便只能成為分別。如何無分別呢？並不是在有無之間找一立足點，因為這樣一來，這立足點便依然是根據有無而建立。以兔角牛角為例，不能說二者為有，亦不能說二者為無，即使依世間現象說兔無角、牛有角，亦只是識境的分別，因此釋迦說，必須去除「角想」，亦即去除「角」這個概念，當如是而見時，由於「角」的概念已經寂息，這樣便根本沒有兔角牛角有無的問題。

　　這樣去除有無的分別，便即是釋迦的中道。

　　去除分別，主要是去除相對。因為一切世論（依識境名言義的立場），實依相對而成立，《入楞伽經》中有一偈頌說 ——

> 譬如長短等諸法　　唯由相對而成有
> 若說為有實非有　　若說非有實為有[6]

　　所以欲去除相對，即須去除世間一切名言句義，譬如「角想」便即是句義，與「非角想」相對。是故經言 ——

> 不以不生起分別即成為無有。何以故？以有角想即有分別故。

　　這是說，不能以為不作分別便是無有分別，一有概念便已經有分別。因此，便須出離世間才能現證中道。經中復有頌言 ——

> 分析而至於極微　　實無色法可分別
> 所能建立但唯心　　此惡見者所不信

6　依拙譯《入楞伽經梵本新譯》。

> 此非理量之境界　亦非聲聞之境界
> 此為悲憫者所說　佛內自證之法門

　　由此二頌即可成立經中之所說,「**故由相對立量,不能持之為正量**」。由超越相對緣起,住入相礙緣起,見一切諸法任運圓成,是即證入初地的觸證真如。這時,依華嚴宗的說法,即是能見事無礙、理無礙、事理無礙、事事無礙。

　　如上所言,離分別而唯心所自見,即是心識離一切名言與句義而見,如是才能見到本性,同時見到一切諸法的自性即是本性。當施設本性為空性時,便說一切法自性空,這才是究竟說空,亦即是「畢竟空」的真實義。

　　這樣說空,便即是離「空」而說空,因為這裏只須施設如來法身為空性,除此之外,並沒有任何外加的概念來說空。《入楞伽經》有大段經文說——

> 　　大慧,譬如明鏡無分別頓現形象,大慧,如來清淨一切有情亦復如是,無分別頓入無相境界;大慧,譬如日月以光華頓照一切色法,大慧,如來令一切有情離顛倒見所成習氣,彼由此習氣而接受心現之外境;大慧,亦復如是,頓向一切有情示現不可思議佛智境界;譬如藏識頓現自心所見之身、資具、住處境,大慧,等流佛亦復如是,頓成熟有情內心,安置彼於色究竟天宮殿,作種種修學;大慧,譬如法身佛以光輝照耀而頓成等流化身佛,大慧,亦復如是,自證聖智頓時照耀,離有無見。

　　這裏的明鏡喻,即是說一切影像的自性,皆以鏡性為本性,由此即能入無相境界。諸佛如何教導有情無分別,則有三

身的教法 ——

　　化身佛的教法是，如來令一切有情離顛倒見所成習氣，離此習氣，才能離名言句義而接受心現之外境。

　　等流佛的教法是，令有情知一切色法的究竟，由是心識頓現自心所見，一如凡夫依於藏識，頓見自心之所見。

　　法身佛的教法是，自證聖智照耀，究竟離有無見。

　　如果說要觀修空性，必須依經所說而觀修。這裏卻須注意，行者並無作意觀空，只是次第離識境的名言句義，便能次第成就唯心所自見，及至世間名言句義盡時，便究竟離有無見而唯心所自見。這樣觀空，實不離識境而觀空，因此分別說為現空、明空、覺空。

　　龍樹在《法界讚》中，有一頌說 ——

　　　　莊嚴住者具力尊　　及宏麗色究竟天
　　　　連同心識此三者　　可合為一我敢說

　　這讚頌之所說，即依上引經文而說，「莊嚴住者具力尊」，說的即是法身佛的覺空雙運；「宏麗色究竟天」，說的即是等流佛的明空雙運；「心識」，說的即是化身佛的現空雙運。由此可見，龍樹亦並未以「緣生性空」為究竟，於讚法界時，他已離緣生而說，所以接下來即有頌言 ——

　　　　未熟唯依於識覺　　聖者故為說異門
　　　　此於長壽具力者　　成為劫算長程因

　　所以說緣生，只是法異門，亦即方便言說，若困於言說，即是「依於識覺」，便須歷「劫算長程」而成佛，這即是

「未熟」，法異門亦唯對未熟者而說，是即方便。若依究竟，則另有頌文 ——

> 卓越光輝諸佛子　相隨於佛道次第
> 證本智而入法雲　有情淨相見空性

這裏說依「佛道次第」而現證的是「本智」，由本智即見本性，這樣才是「淨相見空性」，亦即是究竟見空性。

蓮花生大士《大圓滿直指教授》，有頌文說 ——

> 是故我說中道，即不落任何邊際，
> 我說根本覺性即為一心的無間顯現。
> 既然空性充滿此心即是根本覺性，
> 則此便名為如來藏，亦即佛的心或胚胎，
> 若能了知此義，即能勝超一切法，
> 則此便名般若波羅蜜多，或圓滿智。[7]

在這裏，說「既然空性充滿此心即是根本覺性」，便即是說由本覺證知本性，因為施設本性為空，便可以說為由本覺現證空性。所以反過來說，便可以說為，一心無間顯現空性便即是本覺。至於「根本覺性」、「如來藏」、「深般若波羅蜜多」、「圓滿智」都可以視為同義詞，所說的即是由中道證空的一心無間顯現。

這段頌文可以作為本節的總結。讀者若能了知，即能由如來法身本性來了知空與空性，是即不落於緣生邊來說性空，

7　依拙譯，收《大中觀論集》下，香港：密乘佛學會，1998。原為偈頌，拙譯為長行。

這才是究竟的空。

十、現證離言空性

　　現在想依照甯瑪派祖師所傳的《椎擊三要》（Tsig gsum nedek）來一說現證離言空性。《椎擊三要》是究竟的教法，離言空性是究竟的本性自性，用究竟的教法來現證究竟的空性，應該十分配合。

　　甯瑪派初祖俱生喜金剛（rGa' rab rdo rje）[8]於圓寂時，他的弟子妙吉祥友（Mañjuśrīmitra）五體投地，高聲大哭，喊道：「大日消失了，讓誰來驅除世間的黑暗。」隨着他的喊聲，天上彩虹出現，於虹光中現出《三金句》（rDo rje'i tshig sum），這便是上師對弟子的加持。後來，這《三金句》被稱為《椎擊三要》。

　　這《三金句》，依《無垢心要》是 ——

　　　母親歸於母親
　　　兒子歸於兒子
　　　兒子歸於母親

　　這即是說：法界於法界中解脫，識界於識界中解脫，識界於法界中解脫。

　　後來，大善解功德主巴珠・無畏法自在（dPal sprul Orgyan chos kyi dbang po, 1808-1887）將這《三金句》改寫，俾令

---

[8]　dGa' rab rdo rje，應直譯為「極喜金剛」，但筆者覺得應依意譯，譯為「俱生喜金剛」，此中自有密意。

適合眾生根器，仍用《椎擊三要》的原名，這三句是 ——

> **直指於自性**　ngo rang thog tu sprad
>
> **斷定於自決**　thag gcig thog tu bcad
>
> **解脫於自信**　gdeng grol thog tu bca'

　　除此三句之外，巴珠甯波車還寫了長頌來解釋，後來便有了許多釋論。

　　敦珠法王無畏智金剛曾依見地來解釋這三句，說言 ——

　　初，直指於自性。

　　當下，活潑潑地，現前的覺性，超越三時，超越一切心識與念頭，是即為本初覺性、是即為般若智、是即為法爾本覺。如是，即為「直指於自性」。

　　次，斷定於自決。

　　無論輪迴抑涅槃的顯現，一切都是本覺力用遊戲。因為無一法可逾越於此，是故應於此中無間相續而安住，由是即應「斷定於自決」。除此之外，亦別無所有。

　　後，解脫於自信。

　　無論粗念抑細念生起，都由認識其本性，而令彼於法身無邊大界中自顯現自解脫，是亦即於明空無二中自現自解。是即為〔心〕相續本自解脫之確信。

　　敦珠甯波車解釋三句，簡單而明確。這可以說是依如來藏來作甚深解釋。

　　這三句，實分見、修、行而說。

於見，說由本覺直指自性。本覺離一切名言句義，亦即是「唯心所自見」的覺，是故，即可直指一切法自性為如來法身本性。在行者心識中，直指法身本性的本覺，便亦即是本性。由此直指，即成修道的決定見。

於修，說依決定見而作現證（斷定）。輪迴涅槃一切法，都只是如來法身上的隨緣自顯現，本覺之所覺即為如來法身，所以輪迴涅槃一切法亦可以說是「本覺力用遊戲」，一如「唯心所自見」的一切法行相，為法界莊嚴、為法界展現之遊戲舞姿。此即行者觀修時的現證，於現證中即成斷定。

於行，一切行都依念頭而生起，故當認識念頭的本性。當由本覺認知其本性時，即知一切念頭皆住於明空無二處。所謂明，其現相為光明，自性則為了別；所謂空，即是心法性及本性自性空。行者由心得解脫，即依觀修時的斷定而來，對斷定能自信，即能令心於明空無二中自顯現自解脫。

在這裏，敦珠法王實依本覺而說見、修、行。讀者須注意的是，所謂本覺，即離一切識境的名言句義而覺，亦即出離世間而覺，所以才可以將本覺視為佛內自證智、如來法身。

蓮花生大士巖傳的《六中有自解脫導引》，於說〈禪定中有・本覺自解脫〉時，亦說到《椎擊三要》，他是依修而說。說言 ——

> 決定剎那心相為無生自解脫，稱為「斷定於自決」。
>
> 若行者於剎那心相外更覓其餘，卻無所得，稱為「直指於自性」。

以其本性已開示為自解脫,故稱為「解脫於自信」。

因為是依修而說,所以先說第二句「斷定於自決」。

蓮師解釋這三句更為握要。

行者於觀修時得決定見,無生。再依無生見觀修,即可現證「剎那心相為無生自解脫」,這現證亦可以說是「無生法忍」。這便是「斷定於自決」。

從文字來看,蓮師的解釋跟敦珠法王的解釋似有不同,其實不是。行者於現證無生法忍時,實由本覺而現證,因為若一落於名言句義邊,便不能說為無生,因為有名言句義則必落於空有(所以近人說「空性中有緣生」,實亦落名言句義邊)。既說由本覺而現證,則兩位聖者的說法實在相同。

上來說修,說為現證「無生自解脫」。

說見,說為唯依「剎那心相」,是即唯依本覺而覺,依於本覺才能「唯心所自見」。實際上,唯心所自見便是見到剎那心相。這亦相當於禪宗所說的第一念,落第二念便成尋伺,凡尋伺,必落名言句義邊。

說行,現證一切諸法自性即是如來法身本性,便能了知一切諸法實於「本性自性」中自解脫(道名言上亦可以說為「無生自解脫」),所以便由現證本性而「解脫於自信」。

筆者在《細說如來藏》第三篇〈四重緣起・白螺珠〉中,依行而說此三句,今引錄如下 ——

在此中即謂於見地上，直指一切法依四重緣起而建立，是故可離緣起而證其無有，於法身即是無礙。

於修持時，依上來決定見，是即可依行人之證量而斷定，落何緣起邊際，於何緣起超越，如是而至於究竟。

於行持時，雖落於邊際而生活，但卻可依決定見以自信而離緣起之邊際。

三者之中，以「解脫於自信」最為關鍵，倘只說為信心，此信心焉能令人解脫耶。須知此所謂「自信」，即自信決定見。蓋於相礙緣起中，實已無離相礙相可證，抑且亦無從而證。此如吾人，能現證法身相否？能現證報身相否？即於化身相，實只能現證三度空間之化身相，能證N度空間者否？不能，凡所緣相皆永落於相礙，是故不能現證。

此際但持「自信」而作決定見，以信輪涅一切法皆任運圓成故，信法身自有法身之任運、信報身自有報身之任運、信一切時空皆有一切時空之任運，無不圓成。如是即無須一一現證，於法性中即能離相礙而現證決定見。

此即如前舉月光圓相之喻，人實不必乘太空船依月而航行始恆時見其光圓，但由對決定之自信，即可知其恆時光圓之實相。

行者於行持時無可離礙，故說為「解脫於自信」，是即離礙而解脫。此義甚深，若不說四重緣起即難直指。

因為全文主旨是說四重緣起,所以便依重重超越緣起而說行,及至超越至究竟,固然可以說是離礙而解脫,但實際上亦是依本覺而解脫,因為離一切礙便即是離一切識境的名言句義。文中說及「以解脫於自信最為關鍵」,是即以現證最為關鍵。無上瑜伽密的行持,實依三十七菩提分而行,所以行者的現證,非於座上觀修可得,實往往由行而得,因此那三十七行才稱為「菩提分」(覺分)。

上來所引,分別依見、依修、依行而說三句,下來,筆者還想作一通說。

此三句,依次為見修行之指示。

一切法均為法身自性(本性)中之自顯現,是故即可於本性中自解脫,餘外既無生起之所依,亦無解脫之所依,如是知一切法本性無生自解脫,故說為「直指於自性」。是為見。

此見,便即是本覺之所覺,亦可以說是覺性的本來面目,此由離一切言說而覺。

由本覺現證本性,所以除此之外,更無其餘,一切其餘都是增上,亦都是邊見。

於觀修時,由念頭剎那生滅,以現證一切顯現本性自性,一切煩惱(貪瞋癡)及八萬四千行相(如苦樂等),無非皆是法身之自顯現,無生自解脫,於是心即住於無功用無分別,住於離言說自性境界,故說為「斷定於自決」。是為修。

此修,決定一切心行相都是法身自顯現,連同前所修習的樂、明、無念亦無非是如來法身,若落在樂、明、無念概念中,此法身即不能見,是故亦須捨離。

　　如是現證無捨離而捨離，於子母光明會的境界中，一切分別盡，即是斷定的境界。

　　下座後保任法身本性解脫境界，復依三十七菩提分而行，依次由四念住而至八正道，由是次第所見皆明空赤露，心識相續即如水中作畫，自生自滅，自顯現自解脫，故說為「解脫於自信」。是為行。

　　此行，重點在於念念自解脫，所以說為有如水中作畫，此即認識心中之如來法身力用，除此之外，更無心識所依處。

　　所謂「自信」，即由現證如來法身力用而起信。

　　由上來說《椎擊三要》，實欲說明兩點 ——

　　一、不能泛泛說證空，必須離言而證空，否則必落邊見而證，因為一切言說必為邊見。所以佛對於空才說為假施設，那便是怕學人落邊而證。

　　二、若離言而證空，便不能只依智邊而證，亦即不能只依如來法身而證。依如來法身本性而證則不落智邊，因為這本性實在已是智境與識境雙運。如來法身自性固然可說是本性，如來法身功德亦是本性，法身上隨緣自顯現的識境一切法，更無一不依本性為自性，因此，當說本性時，便即已說智境與識境雙運的性，如是雙運，既不落智邊，亦不落識邊，這才是由中道而證空性。

　　因此，無上瑜伽密乘說證「現空」、「明空」，而且是由「覺空」而證，所證的境界又說為「樂空」，這便是顯示智識雙運，而非孤立證一空性。

下篇：龍樹二論

龍樹論師

下篇：龍樹二論

　　在這裏，選出龍樹論師的兩篇論來說空的密意。第一篇是《六十正理論》，第二篇是《七十空性論》。兩篇論都有說見地與觀修，但詳署則各有不同，前者詳於說見，後者則詳於說修。

《六十正理論》

梵名：*Yuktiṣaṣṭikākārikā*
藏名：*Rigs pa drug cu pa*

　　《六十正理論》為龍樹菩薩重要的論典，非但說緣起，實由緣起說至現證法智。

　　學者 Christian Lindtner 精研中觀論著，從月稱等論師所造諸論之梵本中，找出援引《六十正理論》共12處，故得此論梵文原頌12句，是即1、5、6、19、30、33、34、39、46、47、48、55 諸頌，詳見 Chr. Lindtner, *Master of Wisdom*（Berkeley: Dharma Publishing, 1997），頁174-175。

　　這些梵本的頌，筆者已將之譯出，譯時覺得梵本更能表達密意，因此於疏釋時另行疏出，以便讀者比較。梵本與漢譯有差別，可能是由於輾轉繙譯之故。

　　藏譯有二：

　　　　1）依本論譯，題名 *Rigs pa drug cu pa'i tshig le'ur byas pa*（《六十正理論頌》）。此為喜吉祥（Muditaśrī）及日稱（Nyi ma grags）譯，收《北京版西藏大藏經》no. 5225，《德格版西藏大藏經》no. 3825。

　　　　2）依月稱釋論譯，梵本題名 *Yuktiṣaṣṭikāvṛtti*，譯本題名 *Rigs pa drug cu pa'i 'grel pa*（《六十正理論釋》）。為勝友（Jinamitra）、施戒（Dānaśīla）、戒王菩提（Śīlendrabodhi）及智軍（Ye shes sde）譯，

　　收《北京大藏經》no. 5265，《德格版西藏大藏經》
no. 3864。

　　古代漢譯有宋施護譯一種，譯為62頌，另加後頌6，題名
《六十頌如理論》，收《大正藏》no. 1575，唯譯文多失原
意，且有些頌文有如自造。

　　日本學者山口益，曾把藏譯及漢譯對勘整理，而把本論
譯為日文，參見其《中觀仏教論攷》（東京：山喜房仏書林，
1965），頁29-110。

　　現代翻譯尚有任杰譯本，題名《六十正理論》，依喜吉
祥及曰稱的藏譯而譯，所以題名亦依藏譯。收《龍樹六論：正
理聚及其註釋》（北京：民族出版社，2000）。

　　近日互聯網中，有佚名譯《六十頌如理論》，為配合達
賴喇嘛的講授而譯，譯者似多參考施護譯，與任杰譯比較，仍
以任杰譯為佳，故筆者注疏本論即用任杰譯本，論中小標題則
為筆者所加。

　　這篇論的主旨，說明為甚麼要建立緣起，並由此說到證
真實義與法智（般若與深般若）。

　　建立緣起的目的，只是為了斷除對生滅等現象的執著。
由此可見，很多人認為建立緣起只是為了說明「性空」，這實
在是很表面的看法，因為無論怎樣說性空，生滅等現象都宛然
實有，不能因為說這現象性空，便可以將對它的執著加以斷
滅。譬如日出日落，我們日常生活便須依這現象來作安排，無
論知道性空或不知道性空，都必須這樣來安排，空與不空毫無
分別，是即知道性空亦依然與不知道的人無異，因此才要觀修
緣起，由觀修來改變心識而成斷除。

　　如何斷除對現象的執著,龍樹的說法即是第5頌之所說:「由有不解脫,由無住三有。遍知有無事,聖者得解脫。」龍樹在這裏所說的即是中道。「遍知有無事」便是對中道的現證。在這裏,由緣起成立一切法為有,便即是「有事」。龍樹在第31頌中說:「於求真性者,初說一切有」,是即成立重重「緣起有」;這重重緣起都可以超越,當一重緣起受超越時,這重「緣起有」便受到否定,亦即當緣起受超越時,「緣起有」便同時成為「無事」,這便是頌文接着說的「通達義無貪,然後說寂滅」。亦即是四重緣起的次第超越,由是即可斷除執著。

　　因此我們可以說,龍樹這篇論實有兩個主題:一、為斷除對生滅等現象的執著,必須建立緣起;二、建立緣起之後,依緣起觀修,遍知「有事無事」,這樣,聖者即能現證中道,且於中道中解脫。

　　由前一個主題建立中道的定義,由後一個主題建立中道的觀修。由此可知,說龍樹的緣起,或說「緣生性空」,都不能脫離觀修來說,因為脫離觀修便即是脫離中道。建立中道才是龍樹一切論著的主旨,說緣起只不過是建立中道的手段。釋迦於二轉法輪時密意亦即如是。若不明白這點,將會本末倒置,那時候便容易迷失中道來說緣起。

　　下面即將依這兩個主題來解說本論第一部分各頌。

　　至於本論第二部分,則是論主依理依教,證明前部分所說的真實義與及證智相,可以說是「證成分」。此真實義即是由緣生而入「中道」,此證智相即是由中道而現證「無生」。

第一部分
建立緣起義

1　誰於生滅等，以此理斷除；
　　說緣起能王，於彼稽首禮。

【疏】本頌說，唯由緣起才能斷除對生滅等現象的執著。是故對宣示緣起的聖者應當頂禮。

此即說：為甚麼要建立緣起。

2　誰之慧遠離，有無而不住；
　　彼通達緣義，甚深不可得。

【疏】譯文首二句應當連讀，意思是：誰人能由現證而遠離有無，即能於現象及心識無所住（不住）。末二句亦應當連讀，承接前兩句，意思便是：若能現證有無而不住有無，便可以說是無所得而通達甚深緣起義。

此即說：建立緣起之後，應當觀修緣起，這樣才能現證緣起的深義，而不住入緣起，受緣起所縛。

依梵本，本頌應譯為 ——

　　有無之過失　　由理能斷除
　　甚深無所住　　應通達緣義[1]

---

[1]　梵：astināstivyatikrāntā buddhir yeṣāṃ nirāśrayā / gambhīras tair nirālambaḥ pratyayārtho vibhāvyate /

由理斷除的只是有無，斷除之後才能悟入甚深義而無所住，次第較漢譯分明。漢譯較為混淆。下來即有說明觀修的次第，亦依斷除有無、悟入甚深、現證無所住而說。

說緣起觀修

3　　且生諸過處，無見已破除；
　　　應聽由正理，亦破除有見。

【疏】　由本頌起說緣起的觀修。

觀修緣起是先成立「緣起有」，而不是成立「因為緣起所以性空」，所以觀修的立足點是「**無見已破除**」。既成立「緣起有」，當然已破除無見。

其實我們可以這樣說，無論古代現代、無論東方西方，一切宗教及哲學所探討的基本問題，都是事物如何成為有。近代西方的存在主義、現象論、認識論所探討的都是「有」，而不是事物如何成為「無」。佛家其實亦不例外，認識事物如何成為「有」才是基本的問題。唯有正確地認識「有」，才能成為正確的觀修，若觀修的立足點失誤，便無法依正理來否定「有」。依正理觀修，即是依世俗觀修而現證勝義，所以龍樹才會說，若不依世俗則勝義亦不成就。

對緣起誤解的學人，錯在忽視觀修，一見文字，立刻就作出決定，所以一切所說便都只是推理，不可能是

現證。例如有學者說：「中道依空而開顯，空依緣起
而成立。依緣起無自性明空，無自性即是緣起；從空
無自性中洞達緣起，就是正見了緣起的中道。」那便
純然是推理，在推理中，從來沒有成立緣起有，這就
違反了《小空經》及《瑜伽師地論》所說的「善取
空」，從而陷入「惡取空」邊，可是他卻以為這「惡
取空」即是中道，由是他便誤解了龍樹的學說，並且
否定了如來藏思想。

關於「善取空」，筆者在另處已反覆細說，今不贅。

「善取空」的原則，是成立空的同時必須成立有
（「餘實是有」）。由甲成立乙空，乙的餘外必須認
知為有。此如，由「緣起」說一切法空，同時必須成
立「緣起」是如實而有。所以，只能說「空依緣起而
成立」，不能同時說「無自性即是緣起」。能由「善
取空」來悟入緣起，才能由觀修來現證中道，遠離有
無二邊。若入手即入「惡取空」邊，不善知「緣起
有」，學人必無從觀修，因為實際上先已落入空邊，
於是根本無從觀修（誰能入手便拿着一個「空」來觀
修呢？）。若一切流為口頭生活，這樣便根本無法現
證中道。所以龍樹本頌即說由緣起先成立「緣起有」
的理趣。成立「緣起有」，便破除了斷滅空，因此破
除了能生種種過患處，例如由「無」來否定因果、由
「無」來毀壞世俗、或由「無」而入唯空。

接下來頌文即說，既破除了「無見」，便須要依正理
觀修再破除「有見」（破除「緣起有」）。這說法便
即是第31頌之所說。

四重緣起的次第觀修便是這樣。如由心識與外境相依，因而成立一切外境現象唯依心識而成為有（唯識），這樣一來，便即是由「相依緣起」來成立「相依有」，亦即一切諸法唯依心識而成為有，這便破除了「無見」。

然則，又如何依正理來破除相依有呢？依四重緣起便須由「相對緣起」來觀察相依有。筆者在《四重緣起深般若》中，對此已有詳說，簡單地說，即是成立心性與法性的相對，由心性成立外境則有分別，由是落於名言，由法性成立外境則離分別，而且不落名言。所以，只觀察心性，唯見外境與心識相依，若觀察心法性，便能了知一心法性可以開展無量無邊的外境，這便是用相對緣起來超越相依緣起，於此超越時，便否定了「相依有」，同時可以說「相依緣起性空」，可是，須要注意的是，這時亦同時成立了「相對有」（「相對有」是「相依有」的餘外，亦是「相依緣起性空」的餘外，「餘實是有」）。

行人接着依次第觀修，便由相礙緣起成立「相礙有」，同時，成立「相對有」空，「相對緣起性空」。這「相礙有」即是瑜伽行所說的「圓成自性」，亦即現證中道見「任運圓成」。此後的觀修，便是二至十地菩薩的離相礙。在本論，現見任運圓成說為「見真實性」，或「遍知有為」、「遍知有無」；離相礙而現證則說為「法智」、「真智」及「寂滅」。

4　如愚者分別，法若成實有；
法無則解脫，何因不允許。

【疏】如上所說，觀修緣起層層超越，即是遠離有無二邊的
法門。對此法門可能生起疑問：愚者分別一切法，將
一切諸法建立為實有，那麼，當成立「法無」時便已
矯正了愚者的分別，由是可以說為解脫，現在，為甚
麼卻說不可以住入「法無」呢？

這是對龍樹中道觀修的質疑，亦是當時小乘行人對龍
樹教法的質疑。近代學人對如來藏質疑，其實可以說
是同一疑問。他們陷入「唯空」邊，只是玩弄名言，
將自己的「唯空」說成是中道，所以一見成立為有，
立刻便指責是「真常」，從觀修來觀察，這些學人實
際上是主張「法無則解脫」。

附帶說一句，宗喀巴的「應成見」並不可說為「唯
空」，因為他修「樂空慧」，而且不立宗見，所以不
是將龍樹教法說為「一空到底」。或有學者以為自己
的說法是依宗喀巴，實應說其差別。

有人將「何因不允許」一句解釋為「沒有理由不允
許」，是即認可「法無則解脫」此應不合頌義，因為
龍樹先已說由緣起遠離有無，所以不可能開許「法
無」。說者只是落入唯空的曲解。

前面說到觀修緣起成立「相礙有」，接下來便不能再
從緣起來超越，因此行人的觀修，便是住在「相礙
有」中來超越一切緣起，亦即住在「有為法」中來超

越「有為」,這便是如來藏的觀修,也即是龍樹的觀修、彌勒的觀修。當行人現證超越「有為」,住入「無為」時,行者必然現證如來法身功德,這時,怎能說如來法身功德為無呢?是故顯然不能開許「法無則解脫」。

有學者極力強調「三論」不同「三論宗」,即是因為他認為「三論」才是一空到底的龍樹教法,至於「三論宗」便有「真常」的因素,所以應該遵循「三論」而不是遵循「三論宗」。他將自己這種思想一再發揮,結果,所有以如來藏為根本見的宗派都受到否定。在漢地,禪宗、華嚴、天台、淨土、密宗都錯;在藏地,甯瑪、薩迦、噶舉、覺囊諸派亦錯,那麼,千餘年的漢藏佛學,到底還能剩下些甚麼呢?甚至印度的宗師,大概也只能剩下龍樹一系。釋迦牟尼的危機感果然正確,他在《法滅盡經》、《大涅槃經》都躭心正法會滅;在《金剛經》等許多經中,都躭心所說的法,五百年後無人能理解。釋迦在《大涅槃經》中還留下遺囑,叫學佛的人要知道「四依」,可是卻依然無用。造成這樣的局面,顯然只是誤解龍樹的教法,執著「法無」。不只認為「**法無則解脫,何因不允許**」,更變本加厲,拿着「法無」來橫掃千餘年的漢藏佛學。

5　由有不解脫，由無住三有。
　　遍知有無事，聖者得解脫。

【疏】龍樹說不能住於有，亦不能住於無。對凡夫而言，若
落在有邊，則必受名言句義等戲論所縛，由是不能解
脫，但由於見因果為有，是故多作善因，因此執有見
者多生於善趣，如生天等；若落在無邊，則必同時住
於對生死（三有）的執著，因為他們既不認為有涅
槃，所以便唯重視現世的生死。此外，由於他們以業
果為無，所以多不怕作惡業，於是多轉生入惡趣。現
在的商人作假謀利，是即住入無見之所為。

對於前說誤解法無解脫的學人，則可由「遍知有無
事」一句而知其誤。

頌中所說的「遍知有無事」，必然是由觀修而遍知，
因為龍樹沒有可能由言說推理來說他的緣起法，一如
現今有些學者之所為。因此對於下文的解說，必須通
過觀修來理解。

6　未見真實性，執世間涅槃。
　　諸證真實者，不執世涅槃。

【疏】若住於有、或住於無來觀察，都未見真實性，所以才
會執著於世間（生死）、或執著於涅槃。是即有世間
與涅槃的分別。若現證真實的諸佛菩薩，由證真實
故，即無對世間、對涅槃的執著，是即世間與涅槃都

無分別。

依梵本，本頌應譯為——

　　生死及涅槃　　取相非真實
　　生死涅槃相　　不取即真實[2]

此以取相、不取相來界定非真實與真實，說法與漢譯稍有差別。但這差別不大，因為取相即是未見真實性，不取相即是不執著世間與涅槃。唯一重要的差別，只是梵本分明着重於觀修而說，所以並非泛指執著不執著，而是為行人具體指出取相不取相，令其知道如何抉擇與決定。

這便是如來藏思想了。這便是由重重認識緣起、重重超越緣起，至住入無礙緣起時，即能不取世間生死相、出世間涅槃相，是即由識境的緣起引至如來法身功德，如是即能現證一切諸法之所以成為「有」（存在與顯現），實依如來法身功德而成立。舉例來說，如來法身以生機為功德，因此一切諸法實依這「現分」才能成立；又如，如來法身以區別為功德，因此一切諸法實依這「明分」才能成立。當這樣認識時，世間一切諸法的「有」，便已超越「有為」而入「無為」，即是「生死涅槃相，不取即真實」的中道。

將緣生與性空看成是同一內容、同一層次的學者，無論在名言句義上說得如何頭頭是道，可是，卻完全落

2　梵：saṃsāraṃ caiva nirvāṇaṃ manyante 'tattvadarśinaḥ / na saṃsāraṃ na nirvāṇaṃ manyante tattvadarśinaḥ //

入識境來解說，從未超越識境來認識觀修行人的境界，更不要說將識境引入智境了，所以實在是「**未見真實性**」。真實性不可能完全是識境性而無智性，可是一涉入智性，卻又被判為「真常」，諸宗古德焉能不被判為錯。

緣起與空若都依識境，實際即是「取相」。例如說：「**若以緣起與空合說，緣起即空，空即緣起，二者不過是同一內容的兩種看法，兩種說法，也即是經中所說的『色即是空，空即是色』**」。這種學者的認識，也真的是「**同一內容的兩種看法、兩種說法**」，他的認識實落於同一內容裏面，所以他根本無法超越「有為」、現證「無為」；超越識境、現證智境，否則便不可能是同一內容。

對於「色空」的理解，亦是由「同一內容」來理解，所以並非《心經》的正解。印度論師如何解《心經》，可參考拙著《心經內義與究竟義》。簡略來說，「色即是空，空即是色」，必須由如來藏來理解。如來法身（內自證智境界）中有種種識境隨緣自顯現。若問：識境中一切色法有無自性？於未超越識境時，可以回答：一切色法都以緣起性為自性，除緣起性外，無有自性。當於超越識境時，因為已超越一切緣起，諸佛菩薩依現證來回答，便是：一切色法都以如來法身的本性為自性。當將如來法身說為空性時，便可以決定「色即是空，空即是色」。一如我們對鏡影的自性認識為鏡性時，便可以決定：鏡影的自性即是鏡性，由鏡性即顯現為鏡影。這才是《心經》

中色空四句的正解，不能說色與空是「同一內容的兩種看法、兩種說法」，否則佛智與凡夫心識便無區別。因此，依中道觀修，只能說色空雙運、識境智境雙運，不能說是「同一內容」。

說證入真實性

7　生死與涅槃，此二非實有。
　　遍知三有性，即說為涅槃。

【疏】　由本頌起，說智者所證的真實性。

依梵本，本頌應譯為 ——
　　涅槃與及有　二皆非明處
　　遍知於有性　即說為涅槃[3]

漢譯的「非實有」於梵頌中作「非明處」。「非明處」不完全等於「非實有」，因為入明處時，已同時能得真實義，而但知非實有，則未必同時能知真實義。

真實性中生死與涅槃都非明處，亦即不是依究竟見之所見。若為明處，便可見一切諸法，只是如來法身這智境上的識境隨緣自顯現。在眾生界，隨緣自顯現為生死；在佛的色身界（報身與化身），則隨緣自顯現

3　梵：nirvāṇaṃ ca bhavaś caiva dvayam etan na vidyate / parijñānaṃ bhavasyaiva nirvāṇam iti kathyate //

為涅槃。所以由佛智來看，這兩種自顯現平等，而且都非實有，無非只是在智識雙運境界中的影像。

在究竟真實中，已離緣起，亦離有無、生滅等一切識境現象。因此說，唯有現證真實的聖者，才能遍知「有」性。因為「有」即是智識雙運境界中的存在及顯現，所以必須離緣起才能認識現象的真實。

梵頌說「遍知於有性，即說為涅槃」，也等如說：唯現證如來藏智識雙運境才能說為涅槃。這時候，我們應該決定，觀修緣起與空性無非只是手段，並非唯說緣起與性空即可得證真實。

8　有為生已壞，安立彼為滅；
　　如是諸正士，説如幻事滅。

【疏】　現在討論這個真實性。

在識境中，有一切有為法生起，生起後，當有為法壞時，即說為滅，這應該是識境中一切現象的真實。那麼，現證真實的聖者（「諸正士」），又怎能離開生滅的現象來說真實呢？

龍樹回答，對識境的生滅現象，現證真實的聖者視為「幻事」。一如我們可以將鏡影視為幻事、可以將螢光屏上的影像視為幻事，所以「有為生已壞」，便有如「幻事滅」。

9　由毀壞成滅，非遍知有為；
　　彼於誰現起，如何說證滅。

【疏】　龍樹接着解釋：如果認為識境中「由毀壞成滅」是真實的現象，而不是由「遍知有為」來認識現象的真實，那麼，便有疑問了。由誰來現證這真實呢？聖者又如何能夠證滅呢？

　　一提出這兩個問題，主張生滅現象實有的人，便陷於兩難的局面。

　　首先，作現證的行人必須滅盡五蘊（滅「集」），這是釋迦的教法。如果五蘊須由變壞然後才能滅，那麼，這行人亦必然要在起現證的同時壞滅，是則他又怎能用五蘊已壞的身及覺知來現證真實呢（「彼於誰現起」）？其次，我們不能說只有現象生滅，行人的五蘊則無生滅，因為五蘊無生滅時，現象亦必然無生滅，是亦即根本無法「證滅」（「如何說證滅」）。所以，一定要說是由「遍知有為」來現證真實。「遍知有為」可以說是行人的現證智境，於現證智中，滅去生滅現象的實執，是即無所變壞而能滅。

　　這樣一來，龍樹便等如說，釋迦說的苦、集、滅、道四諦，若落於有壞滅的識境（例如落於緣起與唯空），便根本便無法究竟「知苦、斷集、證滅、修道」。《勝鬘經》說二乘行人不究竟，龍樹所說與之同一理趣。

　　由前頌與本頌可知，在識境中對生滅現象可以視為

「幻事」，「幻事」有生起、有壞滅，是識境的真實。若離識境的重重緣起，則生起與壞滅都非真實，所以「遍知有為」才是真實，由真實才可以證入「無生」。

10　設若蘊未滅，惑盡非涅槃；
　　何時彼亦滅，爾時當解脫。

【疏】　本頌是對上一頌作補充，說明必須「蘊滅」（滅集）才成涅槃。若落在緣起與唯空，其證量頂多只是「惑盡」，此「惑盡」既非涅槃，「蘊未滅」亦不得解脫。

在這裏，龍樹所說與如來藏所說相同（例如同於《勝鬘》），但在二轉法輪時，「如來藏」此名相尚未廣傳，因此龍樹的說法，便名為「深般若波羅蜜多」。

11　無明緣生法，真智照見前；
　　生或滅亦可，盡都不可得。

【疏】　由於說到「蘊滅」，所以便說到十二緣生法。

釋迦說十二緣生，無明緣行等，依二乘的說法，都是以前一支為緣，帶動後一支生起，後一支則依前一支才能成立。這樣一來，十二支便有生有滅。

但於「真智」現前時，十二支的生、滅都不可得，因為都如幻事。這即是《心經》之所說：「無無明，亦

無無明盡,乃至無老死,亦無老死盡」,這是說十二支究竟不生,無生亦自然無滅。這樣一來,十二支於識境中的因,便亦究竟無有,這便是見道行人(初地菩薩)所須超越的障礙,亦即由現證般若超越至現證深般若的障礙,於「真智」現前時,才能「照見」生、滅究竟無有。當能這樣「照見」時,才能了知「惑盡非涅槃」,因為「惑盡」並非十二支的因盡,以十二支本來無識因可得,緣起實亦不可得故。

12 現法即涅槃,亦所作已辦。
設若法智後,於此有差別;

【疏】 此說「現法」,即是真實義現前,此亦即「所作已辦」。這裏說的實同《入楞伽經》所說,諸蘊自性即是涅槃。

於現見一切法的真實義後,即能盡除煩惱、盡離戲論,由是滅一切苦,所以說「亦所作已辦」;因為已得「我生已盡、梵行已立」等,是故說為涅槃。然而,這涅槃實未究竟,二乘涅槃尚有餘依,菩薩涅槃只是般若波羅蜜多的現證。此可參見《勝鬘》之所說。若超越一切緣起因(以相依為因、以相對為因等),才能證入深般若波羅蜜多,亦即證入法智(法性)。這樣,見道行人才能住入法性,及至入修道位,由觀修重重離礙,證清淨大平等性。

以上所說,如超越緣起因、證入法性、重重離礙等,都有實際的觀修,並不是唯有言說。依觀修的道名言

來說，這些觀修，即是「生圓無二」的超越，入「大圓滿法」。

如上所言，便是「若悟法智後，於此有差別」，所謂「差別」，即是般若與深般若的差別。為了更容易理解見「真實義」與「證法智」的差別，用二諦的建立來說，比較容易說明。見真實，勝義諦是如來法身功德，世俗諦是一切諸法任運圓成；證法智，勝義諦則是如來法身，世俗諦則是如來法身功德。初地的勝義於法智只是世俗，此中便有很大的差別。

說證入法智

13　**有為法極細，誰計自性生。**
　　彼即非智者，不見緣起義。

【疏】　由本頌起，即說如何證入法智（深般若波羅蜜多）。

建立緣起的目的在於斷除對有為法一切現象的執著，亦即重重超越緣起，現證有為法非由自性生。這必須由四重緣起的現證來圓成，亦即次第建立有為法非業因緣起有、非相依緣起有、非相對緣起有，如是對識境中的緣起一一超越，即能證入相礙緣起，見一切法實依如來法身功德而任運圓成。

彌勒瑜伽行所說其實與龍樹的建立相同，他說「三性」、「三無性」。說「三性」，即成立一切有為法的緣起，依次第，以「遍計」為自性生、以「依他」

為自性生、以「圓成」為自性生，說此之後，更說
「三無性」來超越這三種自性生，即是由「相無自
性」來超越「遍計自性」、由「生無自性」來超越
「依他自性」、由「勝義無自性」來超越「圓成自
性」。我們可以這樣理解，當證入「圓成自性」時，
其實即是證入相礙緣起，因為見一切法依如來法身功
德而任運圓成，所以亦即證入般若波羅蜜多。由「勝
義無自性」超越「圓成自性」時，則可證入深般若波
羅蜜多。我們應該這樣認識來溝通中觀與瑜伽行的觀
修，不應為道名言所困。

所以在本頌中，龍樹說的「緣起義」，實在是說四重
緣起的重重超越，並非「同一內容」的緣起、無自
性、性空，了知重重超越、重重建立，才能了知緣起
的真實義。若非重重超越，那便跟瑜伽行說的「三
性」、「三無性」抵觸，有抵觸便必有一者錯誤，這
是不合理的事，是即非智者之所見。若執此為中道，
便恰恰破壞了中道。

本頌即由超越緣起的深密，說有為法的深密。至於細
說超越緣起。則見於「七十空性論」。

14　盡煩惱比丘，生死已還滅；
　　有始然正覺，何因未曾說。

【疏】　本頌須要意譯為長行：盡煩惱比丘，還滅生死而「有
始」，何故佛（正覺）卻不說這些比丘的觀修呢？

在這裏，是用「三時門」來說證入法智。所謂「三時

門」，即是超越三時（過去、現在、未來），在我們
的識境中，三時是俱生而來的障礙，一切現象必須順
從此三時，一如三度空間（十方），要在我們這個識
境中顯現，必須顯現為立體。這些俱生障礙於識境中
無法超越，但由法智觀察，十方三時都無非只是能成
顯現的局限，因此，顯現為立體、顯現為三時，其實
亦無非是在相礙緣起中如幻而顯現，離開識境來觀
察，實在不能說十方與三時真實，這便是龍樹「三時
門」的理趣。既然這樣，盡煩惱而「有始」，顯然就
不真實，所以佛對這不究竟的觀修即未曾說。

15　**有始則決定，為見所執持。**
　　諸緣起生法，如何有始終。

【疏】　現在細說前一頌的義理。

　　若說「有始」，則「決定為見所執持」，是即必然仍
落於識境，由是才有「三時」的實事執，有此執著，
便無法超越識境證入法智。

　　諍論的人可能說「緣生」亦有始終，龍樹則說對「緣
生」實不能落三時見而見，於下文即說此義。

16　**先已生如何，後復變為滅。**
　　離前際後際，趣向如幻現。

【疏】　本頌應標點為「先已生，如何後復變為滅」。這是說
識境中的生滅現象，執「三時」即由此而來。但若將

生滅現象視為如幻顯現，便當見到先生後滅的前際後
際皆不真實。這便是「如幻三摩地」的觀修。如果依
然用「緣生性空」來說「三時」為「無自性空」，是
則釋迦說的「如幻三摩地」便同廢話。讀者若信服對
「緣生性空」的誤解，希望能善加抉擇。

17　何時幻像生，何時當成滅；
　　　知幻體不愚，不知幻偏愛。

【疏】　說生如幻像生，便當認識到，於幻像生的同時其實幻
像亦滅。這便是所謂「生滅同時」。

「生滅同時」是佛家一個很重要的認知，亦必須由緣
起來認知。例如舉起一隻手掌，隨即握指成拳，如果
由識境的生滅現象來看，可以說先是手掌生起，然後
手掌變滅，但若由緣生來看，手掌以伸指為緣而生
起，以屈指為緣而變滅，但同時卻有拳頭生起，所以
拿屈指為緣這回事來說，可以說是生起拳頭與手掌變
滅同時，因此說為生滅同時。這只是很粗淺的一個例
子，下頌還有較深密的說法。

如是知緣生的幻像生滅同時，便可以說是知「*幻體*」
（如幻的體性），由知幻體即不陷入無明（「*不
愚*」），若不知幻事的體性，則落於「*偏愛*」，即是
由對識境現象貪愛而執實。

18 諸法如陽燄，以智現見者，
則不為前際，後際見所損。

【疏】 現在龍樹舉生滅同時的例。

例如「陽燄」，由識境的現象來看，先是見到有水生起，及至近前，水則消失。這時，如果用愚夫的心識起執著，必然說「陽燄水」有生滅，前際生起，後際則滅，這便是不能見知生滅同時。

智者則不然，見陽燄水的生滅只是幻事。於如幻中有水相生起，並非真實有水生起、水相消失，並非真實有水消失。所以陽燄水的生滅實無前際後際，並非先生後滅。於說陽燄水生起時，其實陽燄水根本並未消失；於說陽燄水消失時，其實陽燄水依然存在，只是緣有所不同 —— 人遠離陽燄水與走近陽燄水，便是緣的變化。既了知只是緣的變化，便知道陽燄水生起水相與水相消失實在同時。

這便是由緣生來知生滅同時，亦可以說是緣起的深密意。倘如只說「緣起故空，空故緣起」，怎能由緣起來悟入生滅同時呢？龍樹在這裏是說如何現證法智，若不知生滅同時，便不能離俱生相礙的三時，由是法智亦不可得。這是關於證智的事，望讀者能「依法不依人」，加以深思。

19　若誰於有為，計實有生滅；
　　彼等即不知，緣起輪所行。

【疏】　龍樹已經由緣起來現證有為法無有生滅，且離三時，
亦即識境中一切現象都非實有，且無前際後際，所以
便可以下結論說：若對於有為法計有生滅，便是不知
由緣起法門可見真實。

　　由緣起法門所見的真實為何？下來的頌文即有說及。

20　依彼彼緣生，即非自性生；
　　既非自性生，如何說性生。

21　由因盡息滅，乃說名為盡；
　　非有自性盡，如何說性盡。

【疏】　此兩頌須同時解說，唯20頌有梵本可參考，先摘譯如
下——

　　　各各依緣生　　非各自性生
　　　既非自性生　　云何名為生[4]

在梵頌中不是「如何說性生」，而是說「云何名為
生」，這有一些差別。於觀修時，若依梵頌抉擇，非
自性生，是故不能名為生，這樣就能斷除「生」這個
名言。這樣的抉擇非常直接，倘如依漢譯，只抉擇為
不能說「性生」，那便還要抉擇不能說「生」，那便

4　梵：tat tat prāpya yad utpannaṃ notpannaṃ tat svabhāvataḥ / svabhāvena yan notpannam utpannaṃ nāma tat katham //

是輾轉推理，失去抉擇見的明快。比對藏譯，漢譯實添字而譯，將「生」譯為「性生」。

筆者鄭重指出這點，是因為與觀修有關，觀修的抉擇與決定不容有少許錯失。

對此兩頌，今依梵頌作解。

識境中一切諸法，可以依重重緣起而建立為有，是即緣生。這緣生是如幻而生，成「名言有」（假名有）而顯現，所以一重重建立緣生（「彼彼緣生」），便依次第否定「緣起有」為「生」，是則識境中便無「生」這回事，如是即可決定，一切生的現象都非實事，只如幻事。

同樣，既無「生」便無「盡」，說「盡」，只是緣滅，因此，識境中亦無「盡」這回事。

這是龍樹對由緣起遠離生滅作一總結。須要注意，龍樹能作出這樣的結論（決定見），是建立在觀修如幻、現證生滅同時而來，他並不是貿貿然地說：緣生無自性，無自性便是空性。

所以若依梵頌便能知，「緣生」是一個層次，「無自性」是另一個層次，不能將「緣生」與「無自性」看成是同一層次的同一內容。龍樹這建立，同於《智光莊嚴經》所說，今不贅引。

其實，無自性與空性亦是不同層次的說法，一切諸法無自性是識境的層次，說一切諸法的顯現基為空性是智境的層次。於說諸法無自性，其自性只能是顯現基

的本性（如說一切鏡影無自性，其自性只能是鏡性），本性施設為空，因此一切諸法空性，這時候，便已經超越緣起而說空性，並不是因為緣生所以性空。所以，行者於觀修時，決定「緣生無自性」、「諸法空性」，是兩個層次不同的決定，前者尚未證智，後者則已證法智。

還須要注意的是，若將緣起、無自性、空性看成是同一層次，那便是完全落於識境來推理，根本與佛無關、與佛智無關。

上來說，緣生是一個層次、無自性是一個層次、空性是一個層次，這便已經由識境引至智境，因為空性只能是智境的事，識境只是依附智境而成為空性（說為本性自性）。這樣一來，所說才與如來法身有關、與如來法身功德有關。若說佛法而與如來無關，所說即非佛法，更不必說圓成佛道的觀修了。

凡由觀修而知緣起的宗派，都知層次的區別，藏傳的大圓滿、道果、大手印固然有層次觀修的區別，即格魯派不專修如來藏，亦分別層次而修樂空慧，至於漢傳，華嚴宗由十玄門而修至一切無礙，天台宗修假中空三諦，禪宗的破三關，以至淨土宗由稱名念佛而至實相念佛，證入常寂光土，亦無一不依層次。於此即知在見地上建立次第的重要。

證法智相

> 22　若無少法生，即無少法滅。
> 　　說生滅之道，是有所為義。

【疏】　上來已說如何證入法智，由本頌起，即說證智相。

比對藏譯，頌末句應譯為「是為觀修說」，漢譯失義。

於證智相中，不見有少法生滅，是故無少法可得，《心經》所說的「無智亦無得」，即是這個層次的說法。

然則，為甚麼釋迦說法又說生滅呢？那是為觀修行人而說。於觀修時不能離識境的現象，是故非說生滅不可，是即說生滅然後說離生滅，才是證入真實義的方便。證入真實義以後，亦必須由幻像說生滅同時，而且須離三時而見，然後始得證智。所以密意雖無生滅見，言說卻說生滅之道，實只是善巧方便。

> 23　由知生知滅，知滅知無常；
> 　　由知無常性，正法亦通達。

【疏】　本頌再說，由生滅的觀修而成「知無常性」的證智相。

由生滅現象，於證真實義時可決定為無生，無生自然同時無滅。於現證法智時，建立識境現象（包括心的

行相）如幻而滅，由是便能真實認知「無常」。世間
只將生滅現象看作是「無常」，智者則由如幻中見無
常，於現象生起的同時，其實現象已滅，所以無一
「常法」可得，這便是知「無常性」，由此認知即能
通達正法。

這樣說來，便亦是建立生滅觀修，因為不先觀生滅現
象，則不能由智而知這如幻「無常性」，是即不能通
達正法。

在《智光莊嚴經》中，文殊問佛境界，先問「不生不
滅」，即與「知生與滅」同一理趣。

24　諸於緣生法，遠離生滅相；
　　　彼等了知者，越渡見有海。

【疏】　既說識境中的「生滅相」，便須說「緣生法」來離
「生滅相」，所以本頌實與第1頌關合。第1頌說「緣
起能王」，能斷除對生滅現象的執著，由是次第說及
諸頌，說到這裏即作一總結，由觀修緣起，經過
——1，依緣起知有，破除無見；2，超越緣起，破除
有見；3，遍知有無，證真實性；4，由證真實性，而
見一切識境現象都為「幻事」；5，於如幻三摩地中，
現證生滅同時，由是離識境的名言句義；6，次第觀修
至名言句義盡，是即證法智。這便是由「緣生法」至
「證法智」的觀修歷程，於中，一切道名言，如緣
起、緣生、生滅等，無非都是為觀修而施設言說。及
至現證法智，即能渡越三有海。

說渡越三有海，依龍樹的說法，便即是無生無滅、無
常無斷、無　·無異、無去無不去（不生不滅、不常不
斷、不一不異、不來不去）。離生滅等，便已離卻四
門的名言句義，亦即離卻四重緣起境界的名言句義，
由是名言句義盡，即說為出離世間，所以能超越三有
海。

第二部分

證成真實及法智

25 異生執實我，有無顛倒過；
為惑所轉者，是自心欺誑。

【疏】 由本頌起，證成論主上來所說的真實義及法智。現在，先比較凡夫與聖者。

於凡夫（「異生」pṛthagjana），他們依煩惱及業輪迴於生處，是由於「執實我」、「執實有無」等識境現象，這樣一來便有人我執與法我執，這即是「顛倒過」。由此說明，能證真實義及能證智的聖者，便即是能離人我、法我二執。有此二執，可以說凡夫是受「自心欺誑」。

26 智者於有為，無常欺誑法；
危脆空無我，是見寂滅相。

【疏】 智者則不同，由五種與凡夫不同的差別，得見「寂滅相」，是即不受「自心欺誑」，這是將智者與凡夫比較，成立證成真實義與法智的大前提。

聖者所見的五種差別，本頌說為「無常」、「欺誑」、「危脆」、「空」、「無我」。今解說如下──

1，有為法既生即滅，每一剎那都住於生滅同時，所以

說為「無常」。

2，識境猶如幻化，始終一切諸法實無自性，可是卻顯現為似有自性，所以說為「欺誑」。

3，識境一切諸法剎那剎那隨緣自顯現，凡夫於建立此自顯現為有時，實不能恆常建立，如建立為「小孩」，於小孩長大後，必須次第建立為「少年」、「青年」、「中年」、「老年」，所以識境中一切名言句義建立，都可以說為「危脆」。

4，一切諸法，以如來法身性、法界性、法智性為自性，說為本性自性，是即為「空」。

5，知真實義，或證法智，即證入「人我空」、「法我空」，是即「無我」。

智者即由這五差別相得見寂滅。

27　無處無所緣，無根無住者；
　　無明因所生，離初中後際。

【疏】聖者見寂滅相，是見有為法（落於緣起的識境）「無處」、「無所緣」、「無根」、「無住」。

不能以識境作為一切法所依處，因為識境剎那剎那變壞，不成依處，是故說為「無處」。

同樣理由，不能以識境作為所緣境，所以說為「無所緣」。

一切有為法只能依緣起顯現，不能以緣起為根，因為

重重緣起都可超越，所以說為「無根」。

有為法既剎那剎那生滅，是即無一有為法能住，所以
說為「無住」。

由見這有為法四相，是即見寂滅相。

如果說，既然有為法有這四相，那麼它怎能顯現出來
呢？那便應該知道，一切諸法雖無自性為生起因，但
卻有以無明為因所生起的顯現。不過對於這些顯現，
既知其無自性，所以便不能說有前際真實的生、中際
真實的住、後際真實的滅。由是不能否定凡夫所見的
顯現（否則便壞世俗），但是卻可以離前、中、後際
來見一切諸法的顯現，此如見如幻、無生，否則即非
寂滅相。

28 如芭蕉無實，如乾達婆城；
　　癡闇城無盡，諸趣如幻現。

【疏】依上來所說，聖者依「無處」、「無所緣」、「無
根」、「無住」而見寂滅，便如見「芭蕉無實」、見
「乾達婆城」。有為法雖顯現似為實有，其實無實。
如有真實，便應有處、有所緣、有根、有住。

凡夫正因見一切法有處、有所緣、有根、有住，是故
便如住於「癡闇城」（為無明所闇處），即入輪迴無
有盡時。聖者則見六趣（六道）只是如幻顯現。

29　**此梵等世間，顯現為諦實；**
　　於聖說彼妄，除彼豈有餘。

【疏】　外道建立「**梵**」等世間，如梵天，依外道的說法，
　　　「**顯現為諦實**」。但是，即使在世間諦實，如在天人
　　　世間諦實，但一離世間即便不能，所以聖者即說梵等
　　　顯現為虛妄。

　　　頌文說「**除彼豈有餘**」，實在是依「善取空」而說。
　　　「善取空」是由甲法說乙法為空，於乙法之外，即不
　　　能說之為空，因為既是「乙法之外」，那便是乙法之
　　　所餘，「餘實是有」，這樣才能稱為「善取」。

　　　現在，說梵等虛妄，是依識境世間如幻虛妄而說，梵
　　　既然亦是世間，所以當除其虛妄之後，即更無有餘法
　　　能說為非如幻而顯現。這裏是說，否定梵天等顯現為
　　　諦實，實由善取空而說，不落斷滅的惡取空。

　　　說緣起與空，如果一定要「一空到底」，連如來法身
　　　及如來法身功德都建立為空無，顯然便是惡取空。因
　　　為如來法身及如來法身功德都非世間有為法，聖者不
　　　能說之為如幻，當用如幻來遣除時，顯然都是不受遣
　　　除的「餘外」。說明這一點很重要，若不知善取空與
　　　惡取空的分別，當用「**無處**」、「**無所緣**」、「**無
　　　根**」、「**無住**」來遣除如幻世間時，連同如來法身及
　　　功德都作遣除，那便是遣除太過了，由是成為壞法。
　　　你看，龍樹於遣除「梵等世間」時，尚留意及餘外，
　　　是則我們焉能不顧及餘外來隨意遣除呢？

30 世間無明闇,隨順愛流行;
　　與離愛智者,見如何相同。

【疏】　現在總結凡夫與聖者所見的分別。

凡夫世間受「無明闇」,只隨順着貪愛水,流行於輪
迴河,他們的見地,便不能與離愛的智者相同,正因
如此,聖者才能夠證真實義、現證法智。

頌文至此,已完成了區別凡夫與聖者。

證成觀修次第

31 於求真性者,初説一切有;
　　通達義無貪,然後説寂滅。

【疏】　由本頌起説建立觀修次第的義理。

依梵本,本頌應譯為——

　　於尋求真性　　初説一切有
　　其後知義已　　無貪執寂滅[5]

與漢譯比較,理路較清晰:行人既知義、是故無貪執
而得寂滅。

尋求「真性」的次第,於初時應説「一切有」,五
蘊、十二處、十八界皆有,所以依緣起義,亦必先建

5　梵:sarvam astīti vaktavyam ādau tattvagaveṣiṇaḥ / paścād avagatārthasya
　　niḥsaṅgasya viviktatā //

立為緣起有，因為蘊處界中的識境亦是緣生，不能一入手即說空（下頌說「但聞空性聲」）。當學人通達重重超越緣起之時，然後才能現證無貪於有，並依此現證果觀修而得寂滅。這樣次第宣說，才能成立觀修次第。

若諍者說，釋迦於初轉法輪時已經說有，如說一切法即是五蘊、十二處、十八界，所以若依二轉法輪，由「緣生性空」便可以直接說之為空性，更無成立緣起有的須要。

這說法不應道理，因為若不將一切法先說為緣起有，又怎能由觀修緣起有來去除對生滅現象的執著呢？本論已明說須由觀修緣起才能去除對識境現象的執著，難道說，只須要說「因為緣起，所以性空」便能去除執著？所以認為一說緣生便可以一空到底的人，實在違反了本論所說的次第。既然必須令行者「通達義」，才可以由對世間「無貪」而現證寂滅，可見並不是一說緣起，就可以同時說空、說寂滅。

32 不知寂滅義，但聞空性聲；
不修福德業，損害彼劣夫。

【疏】 本頌緊接上頌而說，倘如不先令行者通達寂滅的義理，只說空、空、空，那麼便成「頑空」，這反而可能對行者有害，因為他可能成為「不修福德業」的「劣夫」。

由上頌及本頌，便知道目前流行說「緣生性空」的過失，以及依據「三系判教」說龍樹為「性空唯名」的過失，其實，唯識宗固然不是「虛妄唯識」，龍樹的中觀亦顯然不是唯說「性空唯名」，至於如來藏更不是「真常唯心」。判教的名相排列得很齊整，令人注目，但決不能說為真實。

33　說諸業果有，眾生亦真實；
　　了知彼體性，然後說無生。

【疏】若不知寂滅的義理，對緣生但說為空，於是眾生可能「**不修福德業**」，為了避免這種錯失，就必須說業果為有。

所以佛說四諦，初說「苦、集」二諦，亦必一定說此為有，更說「滅、道」二諦，便即是說寂滅，是說由空性的道，滅去苦、集，並不是一入手即說空性。倘如不依次第，因為說「緣生」，便立即說「性空」，有情如果因這說法而落於「性空」邊，他必然認為對苦與集不須修斷滅，因為苦空、集空故，既然空，何必更作斷除，這就全部觀修失壞，行者連資糧道都不能入。

我們對「因為緣生，所以性空」的決定見，從多方面來作遣除，並非是失去持平的惡作，實在是必須說出學人一定要依次第，若次第顛倒，不但不能入佛知見，實在不能入佛之門，所以我們討論的是大事，而不是言說與理論的諍論。

34 諸佛隨須要，而說我我所；
　　蘊處及界等，亦隨須要說。

【疏】依梵本，本頌應譯為——

　　　勝者為言說　說我所及我
　　　如是為言說　亦說蘊處界[6]

梵頌說為「言說」而說，比漢譯為「須要」而說，意思較為着實。

成立業果為有，有情為有，只是佛的言說，為宣示而建立言說。不只如此，連說我、我所，說蘊、處、界，亦是為言說而建立言說。持着佛的言說來作觀修，次第通達而至知真實義，這時候就自然能知佛的密意，由是能了知本性而決定無生。

本頌說明先依佛言說的重要，對佛的密意亦必依言說始能了知，所以觀修時，絕不可能一入手即說依密意觀修。

35 說大種色等，正屬識中取；
　　了知彼當離，豈非邪分別。

【疏】依梵本，本頌應譯為——

　　　依言說所攝　由識說大種
　　　知彼當失壞　分別豈非妄[7]

6　梵：mamety aham iti proktaṃ yathā kāryavaśāj jinaiḥ / tathā kāryavaśāt proktāḥ

7　梵：mahābhūtādi vijñāne proktaṃ samavarudhyate / tajjñāne vigamaṃ yāti nanu mithyā vikalpitam //

漢譯有點混淆，尤其是末二句，梵頌則清晰，既然知
道大種「當失壞」，還對大種作分別，豈不是虛妄。
理路十分清楚，因為這是觀修行人的決定。

言說依凡夫的心識而建立，所以佛在言說中說之為有
的一切法，必然只在心識中顯現為有，此如說地、
水、火、風四大種色為有，亦由心識取之為有。

對佛於言說中依識建立的有，當學人證知一切有法都
當失壞，便不會分別其為有為無，如是決定，即能由
觀修而現證「非有非非有」。

這便是龍樹總結他所說的觀修次第。

36　唯涅槃真實，是諸佛所說；
　　　謂餘非顛倒，智者誰分別。

【疏】　佛說一切言說，唯「涅槃」此名言真實。若於「涅
槃」此名言之外尚有「非顛倒」者，無有智者會這樣
分別。

本頌於說觀修次第後，更說言說非真實，這便是如第
31頌所說：「於尋求真性，初說一切有，其後知義
已，無貪執寂滅」（梵頌）。因此本頌可以視為是對
觀修次第的總結。

證成中道

37　何時意動搖，爾時魔行境；
　　若於此無過，有何不應理。

【疏】　由「意動搖」即有魔境，這「意動搖」可以解釋為眾
生心意惑亂，亦可以解釋為觀修行人失去決定見。龍
樹所說當為後者。

於觀修時，依抉擇見，次第超越緣起，同時超越緣起
有，此時，剎那有覺知現前（這境界每個行人可能不
同），然而行者再追逐這境界時，則此境界更不現
前，倘如心意惑亂，懷疑自己的抉擇見與決定見，便
可以說是「魔行境」。若行者意無動搖，無此過失，
依然依見地以平常心住於所緣境中，是則「有何不應
理」。

這是龍樹說觀修真實義與法智時之所應為。

38　世間無明緣，是佛所說故；
　　此世謂分別，有何不應理。

【疏】　本頌承接上頌，說世間分別，然後於下來二頌再說如
何成立中道。

龍樹先說世間分別亦非不應道理，如佛說世間，以無
名為緣而有行、以行為緣而有識、以識為緣而有名色
等等，即是說此世間由分別而成立為有。所以觀修行
人，不能在觀修時有「意動搖」，例如，忽然失去次
第，將世間分別說為空性，又或者受人影響，以為知

道緣生便可決定性空,於是唯依空性而觀修,這便是
不知世間分別亦應道理。

本頌的脈絡即承接33等頌而說,亦即依觀修次第而
說。先須承認世間分別。必須承認,然後才能說四重
緣起有,因為緣起有亦是依世間分別而成有。若不知
緣起觀修,對本頌及下來二頌便只能泛泛解說。

39　無明若滅時,行等亦當滅;
　　無明妄分別,如何不了知。

【疏】　依世間分別「無明緣行」等而說,當無明滅時,行亦
應滅;當行滅時,識亦當滅,這就是,當緣滅時,緣
生法便滅。

為甚麼緣滅時緣生法便滅呢?這便是「妄分別」的緣
故。種種緣起都是「妄分別」,一如無明之為妄分
別,所以凡妄分別的一切法,於其因滅時,便不能成
為有。

40　諸法因緣生,無緣則不住;
　　無緣故即滅,如何計彼有。

【疏】　依梵本,本頌應譯為 ——
　　　因生不孤起　非緣則無起
　　　離緣生不住　云何違認知[8]

8　梵:hetutaḥ saṃbhavo yasya sthitir na pratyayair vinā / vigamaḥ pratyayābhāvāt
　　so 'stīty avagataḥ katham //

梵頌分別說因與緣，漢譯則籠統說為因緣，這亦是觀修的問題。行者於觀修時得決定，須區別因的決定、緣的決定，所以梵頌便較為清晰。「離緣、生不住」，已經是次第抉擇：若說因生，則法不孤起，不能只有一個因，非同時有緣不可，離緣則雖有因生亦不成顯現，由是決定一切法若所依的因與緣不能成立，則法亦不能成立為有。

既決定為「離緣、生不住」，如是即不能違反此決定，而計一切法為有，亦即凡「違認知」而成的法，都不能計彼為有。在這裏，龍樹其實已等如說四重觀修的義理。

此如觀修業因緣起，當由相依緣起否定業因緣起時，業因緣起滅，因此依業因緣起而成立的「業因有」，便「離緣生不住」。所以業因有便不再成為有。

這樣重重觀修緣起，當超越相礙緣起而現證無礙時，緣起有便澈底不成為有，如是即可由觀修中道而現證「無生」。

由39，40二頌，即知筆者所說四重緣起次第觀修，實為龍樹的教法，倘如由緣生即可說緣生法為性空，龍樹便根本不必說此二頌，行人亦不須觀修。

41　設若說有師，執法為實有；
　　安住自宗道，於彼毫不奇。

【疏】　現在說違反中道的建立。

初說外道。一切外道師都「執法為實有」，此如勝論師執極微為實有，世間外道執世間為實有等等。他們的執實，是依自宗之道而建立，因為他們所見的只是世間，世間分明實有，若說之為無，他們反而很難理解，而且一說世間為無，他們自宗之道實必然解體。時至今日，外教實依然如是，非將世間執實不可，他們絕對不可能將上帝建立為無有。因此，他們「說有」，對他們來說毫不希奇。

這即如螢光屏上影像世界中的人，執影像世界為實，這其實便是世間之所為，是故不希奇。

42 依止諸佛道，說一切無常；
興諍執實有，彼極為希奇。

【疏】 接着說佛家內部。他們既依止佛道，當然要說無常，因為無常是釋迦的建立，說為一切法無常，他們不能違反。可是，他們依據自己的宗見，便跟中觀師起諍論，說一切法實有，此如說一切有部，即說「三世實有」。承認無常而執世間實有，那就實在「極為希奇」了。

這即如螢光屏上影像世界中的人，既說影像世界無常，卻又說影像世界真實，那便是對現象的自性見解混亂。下來44頌即說及此。

下頌起，即破他們的執實見。破執實見亦即是證成中道。

43　於此彼隨一，觀察不可得；
　　諍論此彼實，智者誰肯説。

【疏】對承認無常而執實的宗見，可以讓他們「隨一」觀察。所謂「隨一」，即是五蘊隨一，無論觀色法、受法、想法、行法、識法，是皆不可得。因為五蘊法實在都是依緣生起（在佛內自證智境上，隨緣自顯現），所以不能説之為實。因此若是智者，便不會對觀察不可得的諸法諍論為實。

44　諸有不依止，執我或世間；
　　鳴呼是被常、無常等見奪。

【疏】本頌緊接上頌而説。

成立「諸有」，實在無所「依止」而説。他們不是依識境在智境上成立，亦不是依識境成立須依緣起，所以違反了「智境上有識境隨緣自顯現」的諸佛密意。可以説，正因為不懂得世間諸法顯現，須依「依止」而説，所以他們才會落在常見或無常見，且由常、無常見而「執我」或「執世間」，這樣一來，即成思維邏輯混亂。

首先，他們見諸法生起，又復變壞，因此承認無常，但卻將無常的諸法視為實有，卻不曉得一但將諸法視為實有時，其實即是建立為常，因為常法必須是實法，亦可以説唯有實法才可以建立為常。為甚麼呢？若由緣起來觀察，緣生法一定不常，因為緣會變壞，

而且生滅同時，所以常法必非緣生法，非緣生才可以說為實法。由此可以決定，只有非緣生的常法才能說為實法。或者可以反過來說，實法必非緣生，所以是常法。

其次，造成上來的思維混亂，實在是因為決定錯誤。對緣生法作決定時，若決定是無常，則緣生法必然無生，是即不能說為真實；若是真實，必須決定緣生法為生，但這樣一來，就不能說之為無常。

45　許諸法緣生，又許實有性；
　　常等過於彼，如何不生起。

【疏】　依上頌的分析，若說諸法緣生，又說諸法實有，在邏輯上已陷於矛盾，是即怎能不生起「常」等種種過失呢？

說「常等過」，在本頌是指常見與斷見，由此可引申為生見與滅見、一見與異見、來見與去見。這是依不同層次的緣起而引申。如依業因緣起說為生滅、依相依緣起說為常斷、依相對緣起說為一異、依相礙緣起說為來去。

下頌即說對於「中道」的正建立。在《中論》，龍樹即依此「八不」而說中道。

46 許諸法緣生，猶如水中月；
非真亦非無，不由彼見奪。

【疏】 如上所說，依中道見觀修緣生，可比喻緣生為「水中月」。這樣的觀修可以決定為「非真亦非無」（非有非非有），所以便不受生滅等見所奪，亦即能不依生滅等見而作觀修的決定。

「水中月」的喻，不能說之為真，若依四重緣起觀修，可以次第有四種抉擇見。

一，依業因而言，因為有水、有影，所以才有水中月影，所以水中月是因緣生起，不能說為真實。

二，依相依而言，水中月影依止水而成立，但水波相續流動，所以實無一固定的水中月相可得。水中月相只能說為相續相，所以連相都不能說之為真。

三，依相對而言，相對於空中月相，水中月相，自然非真。

四，依相礙而言，水中月是適應客觀環境的局限而成立，譬如要有水、要水不起浪、要無遮隔等等，所以可以說為任運圓成，即亦不能說之為真。

然而，既有月影顯現，是即不能說之為無，這就等如世間一切諸法緣生，雖不真實，但卻分明顯現，所以不能說無。

非真非無（非有非非有）便是中道見，此由緣生而可正成立，不落邪分別。

證成無生

47　許諸法實有，當起貪瞋見；
　　受劇苦暴惡，從彼起諍端。

【疏】　依梵本，本頌應譯為——

　　　　生起貪與瞋　着於極惡見
　　　　且為諍論端　由許實有故[9]

本頌實說不識無生的過患。

若不悟入無生，必然依四重緣起，次第建立為有，至
於落在那一重緣起來建立，只是根器與宗見的問題。
如唯識末流，往往落於相依緣起；如中觀末流，往往
落於相對緣起。無論落在那重緣起，若執緣生為有，
必然同時起「貪瞋見」。對實有諸法的生起起貪愛或
瞋恚，或者對實有諸法的壞滅起貪愛或瞋恚，由是
「着於極惡見」，並且依執實見而起「諍論端」。

平實而言，亦並非只是執一切法為實有，才有這些過
失，說「因為緣生所以性空，正由於空才可緣生」，
這亦其實是執實見，因為已經執實緣生即是空，同時
執實只有空才能夠緣生，這已經落於識境的名言概
念，若依龍樹的八不中道，應該決定，緣生是「非有
非非有」，性空亦是「非有非非有」。

9　梵：rāgadveṣodbhavas tīvraduṣṭadṛṣṭiparigrahaḥ / vivādās tatsamutthāś ca
bhāvābhyupagame sati //

若唯依識境來理解緣生與性空，那麼緣生與性空便唯是識境中的法，行者無論如何觀修，都不能說之為「非有非非有」。

若依隨究竟見，依相礙緣起來作決定，那便不是唯依識境，因為在相礙緣起中已經引入如來法身功德，這時超越相礙緣起，決定無礙，現證無生，便自然可見識境中一切諸法「非有非非有」，這才是依中道而現證的無生見。由此可知，無論依識境來理解，或依任運圓成來理解，中道必然須決定為「非有非非有」，不能將緣生與性空相依，然後自以為是勝義與世俗相融，說此相依為中道，其實說相依並未超越緣起。

48 彼為諸見因，無彼惑不起；
故若遍知者，見惑皆蠲除。

【疏】依梵本，本頌應譯為 ——

> 彼為諸見因　無見無煩惱
> 是故遍知者　見盡煩惱盡[10]

梵頌與漢譯無甚差別。但漢譯「煩惱」為「惑」，一般應指「本惑」而言，此處則指「見惑」。

若見生滅、常斷、一異、來去等法實有，於是即成種種邪分別的因，如見有能取所取、常法斷法、前際後際等，是故證入中道遍知有無，便無見惑。若有見

---

10 梵：sa hetuḥ sarvadṛṣṭīnāṃ kleśotpattir na taṃ vinā / tasmāt tasmin parijñāte dṛṣṭikleśaparikṣayaḥ //

惑，即成煩惱。

龍樹在《法界讚》中說言 ——

> 以兔角喻牛角喻　此為如來所現證
> 是故於彼一切法　除中道外無所有

此頌說，現證兔角喻、牛角喻便是如來現證的中道。在《入楞伽經》中，如來說，兔角非無，只能說之為「非有非非有」。為甚麼呢？因為落於有無見，都只是執著名言與句義而說，說兔角為無，只是執著於「角想」（「角」這個概念），若無此「角想」，根本便不會說兔角為有為無，因此，在智識雙運的境界中，依識境顯現而言，可以說兔角「非有」，但依雙運而言，此「非有」亦非實相，只是名言相，所以還要「非」掉這個「非有」，是即「非非有」。

龍樹如是說中道，說「非有非非有」，便即是第46頌所說的「非真亦非無」。由是而知，若入中道，必須遣除世間一切名言句義種種戲論，如釋迦所說之遣除「角想」。

49　由誰了知彼，謂見緣起生，
　　緣生即不生，一切智所説。

【疏】依梵本，本頌應譯為 ——

> 誰能遍知彼　謂見緣生者
> 緣生即不生　勝智者宣說[11]

---

[11]　梵：parijñā tasya keneti pratītyotpādadarśanāt / pratītya jātaṃ cājātam āha tattvavidāṃ varaḥ //

梵頌與漢譯無甚分別。

誰能了知中道呢？是指能見「緣生」的聖者。能正見「緣生」，便能悟入無生，因為一切智（佛陀）說「緣生即不生」，這是佛的現證，且依現證宣說，故本頌即由佛的現證，證成無生。

由「無生」調伏見惑

50　為倒知所伏，非實執為實；
　　　執著諍論等，次第從貪生。

【疏】　本頌先說見惑。

若受顛倒知見（「倒知」）所伏，將不實的諸法執以為實，由是「執著諍論」，這兩種執著，實「次第從貪生」，即執著的根源由貪而起。

若對世間的名言與句義都無貪愛，那就不會執著「角想」等戲論，所以執著戲論實由貪愛戲論而來。唯依識境名言句義來說佛法，亦是不能不貪愛戲論。

51　彼諸聖者等，無宗無諍端；
　　　諸聖既無宗，他宗云何有。

【疏】　諸聖者不立宗見，由是才能名言句義盡、一切戲論盡。

本頌否定種種宗見，這才是龍樹的基本立場。有學者說應該稱龍樹為「緣起宗」，其餘諸宗為「自性宗」，那便亦是落於宗見，他似乎沒有看到龍樹說「諸聖既無宗」。

龍樹問言：「他宗云何有」，實可以說為「應成見」。「應敵成破」即是破去他宗所立的名言與句義，破去種種「想」，所以是究竟見，若以緣起為宗，可以說是有「緣起想」，因此便亦落於「想」來說如來藏 Tathāgatagarbha 的 garbha 為外道見。再由此，起諍，便否定天台、華嚴諸宗，恰如本頌之所說。

52 若計有所住，曲惑毒蛇纏；
誰之心無住，不為彼等纏。

【疏】 頌言「若計有所住」，即是住於宗見，凡住於宗見，都可以喻為「曲惑毒蛇纏」。唯有心無所住，才能不受見惑毒蛇所纏，凡見惑，都是曲惑，曲則非正，故喻為蛇。

53 諸有住心者，惑毒何不生；
何時住中間，亦被惑蛇纏。

【疏】 凡有所住心的學人，必落於見惑。若無宗見的凡夫（住中間），雖無宗見，但落於名言句義而有「想」（概念、戲論），所以他們「亦被惑蛇纏」。

54 　如童執實有，於影像起貪；
　　　世間愚昧故，繫縛境籠中。

【疏】　此如童蒙執於實有，實在只是執一影像為實有，那是
　　　由於他對「影像起貪」之故。所以凡對「世間愚昧」
　　　的人，都是自縛於識境的牢籠裏面。

　　　本頌將「諸有住心者」比喻為童蒙，敢於否定一切宗
　　　義，即是由觀修中道而成的究竟決定見，並以此決定
　　　除一切見惑。

55 　聖者於諸法，智見如影像；
　　　於彼色等境，不墮事泥中。

【疏】　聖者則不同，由證智見識境（「色等境」），一切法
　　　猶如影像，所以便不陷於「事泥」裏面。所謂「事
　　　泥」，即是由生滅等現象建立為有、為無等事，如是
　　　建立有如泥沼。

56 　異生貪愛色，中間即離貪；
　　　遍知色體性，具勝慧解脱。

【疏】　依梵本，本頌應譯為——
　　　　　人於色愚癡　　中者習離貪
　　　　　知本性解脱　　覺彼色礙暗[12]

---

[12] 梵：bālāḥ sajjanti rūpeṣu vairāgyaṃ yānti madhyamāḥ / svabhāvajñā vimucyante
rūpasyottamabuddhayaḥ //

梵頌的說法跟《寶性論》所說相同。凡夫為不淨、菩
薩為染淨、佛陀為圓滿清淨。故依次第說菩薩為「中
者」。《寶性論・第一品》第47頌云 ——

　　不淨與染淨　　及圓滿清淨
　　次第相應者　　凡夫菩薩佛[13]

由本頌起，正說如何調伏種種見惑。

凡夫貪愛色法（貪受識境），即對色法愚癡。

至於菩薩，雖不對色法愚癡，卻亦須由觀修來制御內
心，使能離貪愛。這些貪愛便即是各地菩薩的各各兩
種愚、一種粗重（詳見《瑜伽師地論》）。

至於佛陀，能遍知色法等識境的體性，這便是了知一
切諸法本性自性空，這便去除了種種見惑的根源，因
為能了知一切諸法都無非影像，是即「覺彼色礙
暗」。無「色礙」作「暗」，即是無生的境界。

57　執淨起貪愛，反之則離貪；
　　已見如幻士，寂滅證涅槃。

【疏】　若說，我住於清淨見。那麼便是對清淨見起貪愛，一
　　　　如唯空的學者，以空為清淨見，因此對空貪愛。又或
　　　　者以緣起為清淨見，因此對緣起貪愛。他們實在不知
　　　　道緣起與自己建立的空性，其實都是落於識境的牢
　　　　籠，因為他們是將緣起與性空同時依世間的名言句義

13　依拙譯《寶性論梵本新譯》，台北：全佛文化，2006。

建立。

若對清淨見亦不貪愛，對佛的言說亦不貪愛，這才可以說為「離貪」。由離貪才能見一切諸法任運圓成，是故如幻，由是才能「寂滅證涅槃」，無生即是寂滅，即是名言句義盡。

本頌說「起淨執」者應如何調伏。

58　倒想起熱惱，煩惱諸過失；
　　通達有無體，知義即不起。

【疏】　由見惑顛倒想，起熱煩惱等過失，調伏之道即在於「通達有無體」，知有體無體的真實義，如是顛倒想即不起。

本頌說如何調伏有錯誤見地者。

59　有住則生貪，及離貪欲者；
　　無住諸聖者，不貪離貪非。

【疏】　調伏的具體方法，須由「無所住」而成辦，有所住固然生貪，但有所住亦可能落於「離貪見」，因為，執著於離貪，也是落於心有所住，亦即落於有所住的名言句義中。

聖者無住，固然不貪，同時亦不執著離貪，所以說「不貪離貪非」（無貪無離貪）。

由是即言，正確的觀修，是無捨離而捨離名言句義，

是即於觀修中名言句義自然盡，這必須由重重超越而成，於重重超越中，還須交替觀修，二地至十地菩薩的止觀，可以說都是交替與超越。

60 諸思維寂滅，動搖意安靜；
　　　煩惱蛇擾亂，劇苦越有海。

【疏】 總結對治見惑，即是「諸思維寂滅，動搖意安靜」。

說「諸思維寂滅」，並不是不作思維，只是不依識境的名言與句義來思維，如佛說對兔角的觀察，應離「角想」，便是離名言與句義來思維的好例。如來藏為佛家的究竟見，便是因為如來藏是智識雙運的境界，這已經是識境名言句義盡的境界，也可以說是無所住的境界，由是自然「諸思維寂滅」，同時動搖的心識亦得安靜，說為「動搖意安靜」。

我們在識境中生起一切覺受，都必然落在名言句義而覺，於證入寂滅時，名言句義自然盡，那時並不是無覺受，只是不復依名言句義而覺，此即名為本覺。

現證無生即由本覺而證，所證的境界便即是寂滅，由此始能入無住涅槃。由是即能渡越為煩惱蛇所擾亂的「有海」。

所謂調伏見惑，其實亦可以說是無調伏而調伏，因為當證入無生時，見惑自然盡，是即入無所住，一切見地都不生起，自然無宗見可持。

上來所說的調伏，亦是龍樹具體說及觀修。行者觀修的過程，是先持抉擇見來抉擇所緣境，再依抉擇觀修，由此得一決定見，依決定見觀修，便能現證決定見。在這過程中，既有抉擇見，又有決定見，似乎觀修行人必須落於見地。龍樹在這裏，便提出心無所住這個原則，依此原則，對決定見與抉擇見，都必須超越，這樣便不會落於見地之中。

通常所作的超越，是將下一重觀修的決定見，作為上一重觀修的抉擇見，觀修至得一決定時，下一重觀修的決定見便自然盡。這是觀修的密意，非常重要，學人若不知如何超越及如何盡，可以說其觀修實不成觀修。

61 以此之善根，回向諸眾生；
集福智資糧，願得福智身。

【疏】 本頌為論主回向。由本論眾生可集福德資糧、智慧資糧，是即能得「福智身」。

疏者跋

本論譯者任杰居士有譯後記云：1962年11月2日譯於中國佛學院，1985年，1986年重校於北京。

疏文於2013年3月圓滿。自信疏文能得龍樹菩薩本意，若有少分功德，回向當前歷亂世間一切有情，更不聞天災人禍、疾病災劫之名。無畏記

《七十空性論釋》

梵名：*Śūnyatāsaptati-vṛtti*

藏名：*Stong pa nyid bdun cu pa'i 'grel pa*

　　《七十空性論》（*Śūnyatāsaptati*）是龍樹說觀修空性而至現證「無生」的一篇重要論著，是故筆者亦依觀修來作疏解。

　　《七十空性論》的根本頌及釋論皆龍樹論師造。除此之外尚有兩篇釋論，造釋論者一為月稱（Candrakīrti，七世紀初），一為波羅呬多（Parahita，十一世紀末）。龍樹的根本頌及三篇釋論皆無梵本傳世，但在西藏都已譯出。龍樹釋由勝友（Jinamitra）及智軍（Ye shes sde）於九世紀初譯為藏文，題為*Stong pa nyid bdun cu pa'i 'grel pa*（譯名《七十空性論釋》），收北京版《西藏大藏經》編號5231；月稱釋由無畏行（Abhayākara）及法名稱（*Dharma-grags*）於十一世紀末譯藏，亦題為*Stong pa nyid bdun cu pa'i 'grel pa*，收《北京版》no.5268；波羅呬多釋，由其親自譯為藏文，同譯者為童勝Gzhon nu mchog，題為*Stong pa nyid bdun cu pa'i rnam par bshad pa*（譯名《七十空性論註解》），收《北京版》no.5269。

　　此論並無古漢譯本，直至1939年始由法尊譯師依勝友及智軍的藏譯本譯出，所以譯出的已包括根本頌及龍樹釋論。今即據法尊譯而疏，只於少數處對譯文略作改動。[1]

---

[1]　於歐美的佛學研究，本論亦未受到重視，可參考的繙譯及研究，計有David R. Komito, *Nāgārjuna's "Seventy Stanzas": A Buddhist Psychology of Emptiness*

　　本論在西方似乎亦未受到重視，可以參考的資料不多。

　　依月稱論師的說法，此論為《中論》第七品的餘論，品中第三十五頌言：「如幻亦如夢，如乾闥婆城，所說生住滅，其相亦如是」。生、住、滅是有為法的三相，本頌即說三有為相皆不真實，可是佛經中屢屢說三有為相是有，因此便可能引起學人的質疑，何以佛說為有，《中論》則說為非有，所以龍樹便造《七十空性論》來解釋，說佛之所以說有，只是「假名有」、「名言有」，若依真實，則為非有。

　　月稱論師這個說法，幾乎成為定論，直至近代才有質疑，論者認為全論所說實不只於此。筆者基本上同意月稱論師的說法，因為全論主旨實說無生，由無生便可以引申出無住、無滅，這便符合前說《中論・第七品》三十五頌的頌義。不過，除此之外，筆者還認為《七十空性論》實用七十三個頌，依次第說四重緣起及其超越來說無生。本文即是依此觀點為本論作疏，曾收入《四重緣起深般若》一書中。現在因為要說密意，所以將部份疏文改寫，再在此發表，說明由「緣生性空」的觀修真實義，同時亦說明了由觀修而現證「無生」。

　　必須由無生來理解本論，才能對本論有應得的尊重，假如認為龍樹只是說「假名有」、「名言有」，那麼本論的意義便給降低了，《金剛經》將這問題已經說得非常清楚，何須龍樹另立一論來加以說明。本論正是通過「假名有」、「名言有」來認識佛家如何依緣生來成立有，這樣才可以通過種種緣

（Ithaca: Snow Lion Publications, 1987）；Chr. Lindtner, *Master of Wisdom*（Berkeley: Dharma Publishing, 1997）；Ram Chandra Pandeya, *Ācarya Nāgārjuna Kāniḥsvabhāvatā-darśana: Mūlamadhyamakakārikā, Sūnyatāsaptati, evaṃ Vigraha-vyāvartanī ke rupāntaraṇoṃ sahita*（Dilli, Bhārata: Īṣṭarna Buka Liṅkarsa, 1990）等。

生義，來次第超越依緣生而成立的「假名有」、「名言有」，由重重超越才能建立唯有假名的「緣生性空」，及至究竟超越而至無礙，行人即能了悟無生。

文中標「論」字，為法尊譯的龍樹自釋論；標「疏」字則為筆者的疏文。

一、前頌 ── 說「緣生性空」義

1　生住滅有無　以及劣中勝
　　佛依世間說　非是依真實

【論】　生、住、滅、有、無、劣、中、勝種種，佛唯依世間名言而說，非依真實。

【疏】　世間唯是現象（相），依現象而有概念，如是即將現象顯示為名言（名）。凡庸者執著相、名來成立現象為有，於是便建立了輪迴界。佛說法時，亦依這種世俗的建立來說名言，用以宣示，可是，並不是用名言便指為實有，所以說佛「非是依真實」而說。本論所明，即是真實。下來諸頌即為「真實」作建立。

　　本頌建立「名言有」，由下頌起，即說用「緣生」來超越此名言有。

【論】　問言：如現說「我」等，此豈非有？復有說「無我慧

「轉」，故定應有我。

答云 ──

2　說我說無我　或說我非我
　　名言無實義　空性如涅槃[2]

【疏】　龍樹於此頌未作釋。

質疑的人說：佛亦說「我」，又說轉「我」而成「無我」，證無我慧，是則定應有「我」。

這說法不應理。因為名言無實義，故「我」、「無我」、「我非我」等名言皆具空性，一如涅槃所具之空性。

這裏說涅槃所具的空性，便等於是說如來法身的空性。本來我們不能跟如來法身定性，現在施設為空性亦只是施設而已，並非真實的如來法身性，可是如來法身性根本無法說出，便只能姑且施設為空，用以符合如來法身功德的定位性。為此，龍樹只在本頌決定「名言無實義」，且說可以現證為「空性如涅槃」，卻並未說如何成立名言為空性，亦未說為甚麼空性如涅槃。

這就是本論的作意了。知「真實義」，便知為何「名言無實義」；現證法智，便知「空性如涅槃」。關於

2　此頌依藏譯本重譯。此頌藏譯如下 ──
/ bdag med bdag med min bdag dang / dbag med min pas brjod 'ga'ang med / brjod bya mya ngan 'das dang mtshungs / dgnos po kun gyi rang bzhin stong //
法尊譯為：無我非無我，非故無可說，一切所說法，性空如涅槃。

真實義與法智，在《六十正理論》中已詳說，本論只着重說真實義與證法智的次第觀修。

說名言有，一般人只是說名言不真實，但龍樹則不同，要由無實義與空性如涅槃來說，並由此建立成一篇論，這樣就可以看出一般人落於籠統的缺點，由此亦可見，不能用口頭推理來理解佛的言說，不由觀修作決定及現證，便亦不能知佛密意。

【論】 問言：汝說一切法自性空者，為依國王教敕而說，或為能成通達一切法皆空性之正理耶？

答云——

3　一切法自性　於因或於緣[3]
若總若各別　無故說為空

【論】 一切法自性，於因或緣中，或於因緣和合中，若悉皆非有，故說一切法自性都空。

【疏】 對於空性或起質疑，是像國王下令一樣，由權威來成立空，抑或由正理來成立空？所以龍樹便依正理來成立空性。

凡夫依相、名來建立一切法有，佛家可以用「業因緣起」來加以否定，這樣，便成立了「因緣有」（業因有）。對如何成立「因緣有」，龍樹未說，因為在《中論》說「緣生」時已經說過。現在只是說如何成

3　法尊原譯為「於諸因緣中」。今改譯。

立「因緣有」為空。

龍樹在本頌中，說應如何觀察「因緣有」。這是觀察
緣起的通則，即是由上一重緣起來超越下一重緣起，
如是觀察。

先以觀察「業因緣起」為例。我們在因中、在緣中、
在因緣和合中作觀察，都沒有所成立之法的自性，那
麼，這「業因有」便可以說為空性。這似乎即是對
「業因」作全面觀察了。然而不是。

龍樹的說法，實在是由「因」、「果」來觀察。頌中
所說的因、緣、和合，可以統說為「因」，所成立之
法則為「果」。所以，龍樹在頌中已經建立了「因果
相依」。由是便可以由相依緣起來超越「業因有」，
同時成立「相依有」。超越與成立一定同時。

現在很多學人不知道超越緣起的觀察，所以他們說，
一間房子是由磚瓦木石造成，磚瓦木石都沒有房子的
自性，就可以說這房子為空性。這種說法，在古代還
可以方便成立，但到了現代，便不能說為方便了，因
為可以引起諍論。

此如化學家一定不肯承認這個說法，氫原子與氧原子
結合可以成為水，亦可以成為重水，誰都知道氫、氧
原子沒有水或重水的自性，但一經結合，便不能依此
而說水無自性、重水亦無自性。因為化學家分明知道
水與重水有不同的性質，而他們都是由氫原子和氧原
子結合而成，假如否定這結合，那就不合理，顯然由

結合的不同，就有水與重水的不同，所以就不能簡單地以氫、氧原子無水或重水的自性，便否定水與重水的化學性質以及化學變化。

因此可以說，現代若依然跟從古代的說法來解釋龍樹這個論頌，其缺點則暴露無遺，引起諍論，很難辯解。然而這並不是龍樹的錯，只是解釋者的錯，錯在龍樹實由因果相依來作觀察，而解釋者卻不懂得超越緣起，依然站在「業因緣起」的立場來成立「因緣有」的空性。

四重緣起說重重超越，便沒有上述的缺點。無論氫、氧原子如何結合，都只是因，無論水或重水如何顯現，都只是果，所以依「因果相依」而建立為「相依有」，化學家一定認同。

「超越」是觀修的重要手段，十地菩薩亦無非是上一地超越下一地，因此必須知道超越，才能通達「緣生性空」。下來即有所說。

二、由四重緣起成立「緣生性空」

以下各頌說緣起的破立，有點複雜，現在先介紹一些基本原則 ——

成立相依必須滿足兩個條件，缺一不可，一是二者不能相離；二是二者必須同時。此如浮雲依風吹而動，在雲動的當下，風與雲必不相離，而且風吹必與雲動同時，是故便可以說「雲與風相依」。說因果相依，因為因果不能相離，離因則無

果，離果則無因，而且當因起現行時，果報必然同時生起。

　　成立相對的條件，剛好與相依相反，可以相離，不必同時，但兩個條件不須都滿足，只要有任一條件，即便可以否定相依而成相對。此如說美醜，美與醜可以相離而說，而且不必同時成立美相與醜相，所以美與醜便是絕對的相對。

　　但如果說，甲比乙美，那就是相依而非相對了，因為要比較，所以甲乙二者即不能相離，但美與醜的觀念卻非同時成立。

　　所以可以說心性跟法性相對，因為二者分別為智為識（為理為事），必不同時。但假如說心識中本有法性（稱為「心法性」），因無明顛倒，心法性顯現為心性，那麼，心法性跟心性的關係，便可以說為相依了。因為心中的法性（心法性）跟心性的關係不同法界的法性跟心性的關係，心法性一定跟心性同時俱在（否則便有兩個心），而且二者不能相離（能相離便亦有兩個心），所以就是相依而不是相對。

　　此外，還有最重要的一點，名為「互為生因」，這是龍樹破外道的利器。若說甲與乙相依，倘如可以證明，甲是乙的生因，乙亦同時是甲的生因，那麼，甲與乙的「相依有」及「相對有」便都要破。

　　下來即有「父子」的例、「無明與行」的例，於此不贅。

　　至於相礙緣起，一切諸法其實都是由「任運圓成」而成顯現。甚麼叫做「任運」呢？一個生命形態的存在與顯現，必

須適應識境中相應的局限。能適應,生命形態則顯現;不能適應,生命形態則不成顯現。對局限的適應就稱為「任運」。

甚至人的心識亦須適應局限,然後才能起心的行相,所以心行相亦可以說是任運圓成,這樣一來,我們就可以說,識境中具體的形像與抽像的思維,都非「任運圓成」不可。由於存在與顯現的局限,即為相礙,所以「任運圓成」便可以說是依相礙緣起而圓成。

依相礙緣起可以破其以下的三個緣起,這即是依「任運圓成」來超越業因、相依、相對,所以是最高的緣起建立。由於最高,所以便更沒有緣起可以超越它,在識境中,可以說一切法是「相礙有」(任運圓成而有),而且「相礙有」真實。唯識今學就把任運圓成稱為「圓成實性」。不過當超越識境來觀察時,由智識雙運的大平等性來見成立識境的局限,這些局限便只能說是識境中的真實(例如三時、三度空間),在法界中即不能說為真實,這時候,相礙緣起才被超越,這便是各地菩薩觀修的「無礙」。

4 有故有不生　無故無不生
違故非有無　生無住滅無

【論】　法若已有,則不從因生,已有始名為有故;無,亦不從因生,以無故。

　　　　有無相違亦不得生,不相順故。

　　　　如有無相違,其「非有非無」又豈能生。亦是相違法故。

以生既無，則住、滅亦無。

【疏】本頌由相依緣起說觀察「業因有」不得成立為有。證成其無四邊生，即證成其為無自性而有。

「四邊」即謂有、無、二俱（亦有亦無）、二俱非（非有亦非無）。觀察有無，實只有這四邊，亦即只有這四種可能。「有」與「無」實依四邊而成立，若無四邊的概念，必然不會說有說無，所以可以說為「相依有」。

關於「相依」，龍樹在下面第13頌舉例為「父子」。父與子相依，因為人若無子，則不能有父之名，所以可以說「有子始有父」，是即父依子而成立。凡說相依，必由因果相依而說。「父子」的例，便是以子為因，以父為果。上說有無與四邊，則是以四邊為因，以有無為果。

龍樹本頌，是說由因觀察果的通則，如觀察因，即從四邊來觀察。四邊是：一、因中若已有果（法爾有），則不能說果從因生，因為果早已在因中；二、因中若本無果，亦不能說果從因生，因為不能無中生有；三、若說因中早已有果，因中本無有果，這說法互相矛盾，不能成立，是故不能說果法由此矛盾中生；四、若說因中不是早已有果，因中不是本無有果，這說法也同樣矛盾。

這樣觀察，即是根據「相依緣起」來觀察「業因有」的因，如是觀察四邊不生，便成立了「業因有」為空性（「無故說為空」）。

須要注意的是，在這裏，只成立「業因有」空，並未否定同時成立的「相依有」。

或問：上來之證成，何以說必須由相依而觀察。因為你舉例水與重水，可能只是一個特例。

答云：上來所說實必由「相依緣起」始得證成。今且略說其意趣。

如上來觀察因緣中是否有「業因有」，倘仍居於業因緣起此層次，如觀察瓶，即等於問：陶師中有瓶否？陶土中有瓶否？陶輪中有瓶否？此等觀察世人定不以為然，明知故問。由是將陶土等作四邊觀察，皆應不為世人接受，他們必然說瓶就是瓶，瓶宛然俱在，何必要追究到陶土、陶師、陶輪。

若居於「相依緣起」，上來觀察即可成立。

我只是觀察因果，依因果的關係來看因中是否有果，因中是否無果等等，這便不是明知故問，亦不是追究個別因緣，所以這種觀察世人就可以接受。此如觀察氫、氧與水、重水，我沒有否定氫、氧可以生成水或重水，只是說氫與氧的自性、氫氧和合的自性，沒有水與重水的自性，因此若以氫、氧及和合為因，水與重水為果，如上作四邊觀察，就不能成立水與重水為「業因有」，只能說是「相依有」（水與重水依氫氧和合而成為有）。化學家必然同意這個成立，這正是他們的說法。

這樣說來，「相依有」便可以說為方便，而且任何時

代都是方便，除非你否定因果。

「業因有」則不成方便。

【論】問言：佛說有「三有為相」，謂生、住、滅。又說「生時有生」，故有為法定應有生。

答云 ——

5　已生則不生　未生亦不生
　　生時亦不生　即生未生故

【論】已生則非所生。何以故？已生故，故已生者即非所生。

又未生者亦非所生。何以故？尚未生故。諸未生者即非所生。離生作用、勢力，自體非有，故非所生。

又正生時亦非所生。何以故？此即已生及未生故。若是已生未生，仍如前說，〔說為〕非是所生。其已生者，已生訖故非是所生；其未生者，尚未生故、離生用故、無勢力及無體故，非是所生。由離已生、未生、無別第三生時，故亦非所生。

【疏】現在接著破「相依有」，此依「三時」而破。為甚麼用三時破，因為已生、生時、未生即是三時。

本頌亦見於龍樹《十二門論・觀生門第十二》。鳩摩羅什譯此頌為：

「生果則不生　不生亦不生　離是生不生　生時亦不生」（大正・三十，167a）

佛說「三有為相」及「生時有生」，實依言說，但行者由上來論主成立「相依有」，便可以說，佛說生住滅等，既然可以由相依成立為有，因此便可以依佛的言說來作諍論，說「有為法定應有生」，因為你已經說「相依有」。

今則超越「相依緣起」，乃以「三時」而破其說，即謂我非以「相依有」成立佛所言說名相為究竟有，因為若依「三時」觀察，則「相依有」亦實無自性。——如是始是向上一層建立而破疑。龍樹造論言簡意賅，須如是理解始知其意趣。

龍樹造論常用「三時」作破，且為究竟破，故為其破敵之利器。「三時」者，可名為「相礙緣起」，三時中，過去、現在、未來，都是「時位」，我們這個世間，一切諸法都必須適應三時這個局限而成立，是即相礙。而且，三個時位亦彼此相礙，此如在過去位即不能同時在現在位與未來位。如果用空間來說，過去位的空間，亦是現在位空間、未來位空間的相礙。由於「相礙緣起」可以通說時空來觀察一切法，所以是最高緣起法則的建立，由是能除一切疑。

今破「相依有」之有自性，其說如下——

依因果相依，若說因已生果，那麼果便處於「已生時」位，則此「生」定非於此時位上生，以時位已定義為「已生」，故果即非因之所生。

若所謂「生」之一法，處於「未生時」位，則此「生」亦定非於此時位上生，以時位已定義為「未

生」，未生即無「生」之作用與勢力，既無「生」之體性，是即非其所生。

於此例中無第三時，以所謂「生時」，亦無非為已生或未生，故不須說。如是離「已生」、「未生」二時位，已證成「相依有」亦無自性，如是證成無生。

至於無「生時」（無第三時位，即現在時位）可能引起疑問，為甚麼沒有現在呢？這個問題，龍樹在《中論・觀去來品》中已說，筆者在《四重緣起深般若》亦已詳細解說。大致上，龍樹是依「去」而說，沒有「去時」，只有「已去時」與「未去時」，因為「去者」（作「去」這種運動的人）站立不動便不是「去」，若一舉足，那麼，不是「未去」，便是「已去」，這樣由「去」的運動來理解沒有「去時」，實在十分生動。由此，雖然一度時間可以分成三時，但實際上卻只有「過去位」及「未來位」。

6　有果具果因　無果同非因
　非有無相違　三世亦非理

【論】若有果者，具足果故說名為「因」；若無彼果，則同「非因」。若非有果非無果，則成相違，有無應不俱存故。

又於三世因亦非理。何以故？因若在前，因是誰因？因若在後，復何用因？若說因果同時，此同時而生之因與果，又以何為因？

如是說三世因亦非理。

【疏】上頌破「相依有」、用「三時」相礙而破，今則用相對緣起更破。

何以須更破，因為前頌之破，其實是破三時，再由無三時來破生的相依有，現在不用三時來破，便須用相對緣起來破。

相對，是因果的深一層說法。

說因果相依，其實有一個局限，只能依因起現行時而說，如說風吹雲動相依，只能依「風動」而說，不能依「風」而說，風未吹至雲時，便是因未起現行，所以不能說凡有風就必有雲動這個果，只能說凡受風吹，雲才會動。我們上面也曾舉過一個例，美與醜必須說甲比乙美才能說相依，否則便是相對，所以，如果不管那個因有沒有起現行，當通說因與果時，便只能說，因相對於果而成為因，果相對於因而成為果，此即如只說美醜，而不是說甲比乙美。

現在，建立相對，如果依緣起來說，在因果關係中，「生」即是果，緣起即是「生因」。此二者相對。於說緣起及生時（記着：只如說美與醜，不是說甲比乙美，因為觀察「生」，於中實無比較），依相對而施設三種情況：因中有果，因中無果，因中非有果非無果。如是若既有果，則此因已即是果，不能說為生起一果；若然無果，則此因是為非因，是亦不能生起一果；說二俱非則成相違，由是據相對即可破「相依有」之生為有自性。

頌末句破三世因（三時因），是順帶而說，因為前頌是用三時破，所以這裏便一提「三世亦非理」。

【論】問言：有一、二、多等數，數應理故，是即非一切法空。須有此法然後有數，故一切法非皆是空。

答云──

7　無一則無多　無多亦無一
　　以是一切法　緣起故無相

【論】若無一者則無有多，多若無者一亦非有，故諸法皆是緣起，以緣起故即為無相。

【疏】上頌既成立「相對有」，而數之一與多，實亦皆相對而成立，是即為「一異」之相對，因而即有質疑，相對成立的「一異」，必然是有，成「相對有」故。所以更須說本頌加以否定，否則即成立問者之所言，「數應理」，不得說一切法空。

此須依相礙緣起而破。

於相對中，一與異（多）相對，故一與異即應成「相對有」。然若依相礙而觀察，一與異相實為相礙相，適應局限，任運現為一相時，即礙異相的生起，亦即既成一相後便再不能任運，由是即不能顯現為多；同理，於現為異相時，則礙一相的生起。此例如化學家所說之分子，現為一相，而其實由原子構成，此原子便即是多。既構成分子，便礙原子之成為異相（多原

子相），人即說分子相為一；若分子分裂，現原子相，人即說此一分子實為多原子相。由是即知一多皆是相礙而成。

如是一異相皆由相礙緣起而建立，故一切法之「相對相」實僅為其於空間中之相礙狀態，若由「任運圓成」來看，便應說其相對有為無自性。

如是以相礙緣起破「相對有」訖。

上來由第4頌至第7頌，據相依緣起破由業因緣起成立之「因緣有」；復據相對與相礙緣起，破由相依緣起成立之「相依有」；又據相礙緣起，破由相對緣起成立之「相對有」。如是重重深入（亦可說為重重向上），即由四重緣起證成一切法緣生無自性，唯有名言。

三、證成超越緣起即是「無生」

【論】　問言：經中廣說緣起能有苦果，諸傳教者亦說一心中有及多心中有。

　　　　答云 ——

8　　緣起十二支　　其苦果無生
　　　於一心多心　　是皆不應理

【論】　經說十二緣起有苦果者，此即無生。

以其於一心中有、多心中有，皆不應道理。何以故？
若一心者則因果俱生；若多心者，則前支已滅，應非
後支之因。俱非理故，緣起即是無生。

【疏】頌文第二句，筆者改譯[4]。

此因上來破一異，故可引起疑問：十二支即是異
（多），佛說此十二支能成苦果，是則此苦果為於一
心中有，抑於多心中有？此說「一心中有」者，即是
說，當知十二支任何一支時，同時領受由此支引起的
苦果。如知無明，便同時領受由無明所引起的苦果
（行），若說「多心中有」，即是當知無明時，未領
受行為苦果，然後由第二念始知行為苦果。

問一心多心，此問即為抉擇時對上頌之建立有疑，故
更作觀修抉擇。

今言，說十二支之苦果，其實即說無生。何以故？若
為一心，即心相續，如是於領受十二支之任何一支
（前支）時，同時領受其苦果（後支），是即因果
（前支與後支）同於一心中生起；若為多心，即心不
相續，如是前支滅時即不能成為後支之因。是故一心
多心二者皆不應理。

《十二門論・觀因緣門第一》亦有引用此頌，且有釋
論，今摘引如下：

「如《七十論》中說：『緣法實無生　若謂為有

---

[4]　法尊原譯為「有苦即不生」。藏譯為 sdug bsngal 'bras can de ma skyes，若
　　譯為長行，即意為「〔十二緣起〕於苦中成果，即是無生」。

生　為在一心中　為在多心中』，是十二因緣
法，實自無生。若謂有生，為一心中有？為眾心
中有？若一心中有者，因果即一時共生，又因果
一時有，是事不然。何以故？凡物先因後果故。
若眾心中有者，十二因緣法則各各別異。先分共
心滅已，後分誰為因緣滅？法無所有，何得為
因？十二因緣法若先有者，應若一心若多心，二
俱不然，是故眾緣皆空。」（依鳩摩羅什譯，見
大正・三十，160a）

鳩摩羅什在這裏，實完全依龍樹的說法而說。

然則如何始為應理？既否定一心、多心，便應該由成
立無生，苦果無生，便無一心、多心的問題存在。由
是依十二緣起，即可成立無生。唯如何證知緣起即是
無生，則尚未說，故有下頌所言。

【論】　何故無生？以諸緣起因無明生，佛則說無明緣顛倒
起，而彼顛倒實自性空。何以故？——

9　非常非無常　亦非我無我
　　淨不淨苦樂　是故無顛倒

【論】　言無「常」者，謂非有常；常若無者，即無能治之
「無常」。餘三亦爾，故無顛倒。

復次——

10 從倒生無明　倒無則不有
　　以無無明故　行無餘亦無

【論】 若無四顛倒，則無從彼所生之無明。無明無故，則不起諸行。餘支亦爾。

【疏】 佛說四顛倒：無常執以為常；無我執以為我；不淨執以為淨；苦執以為樂。

今言，此顛倒實自性空。何以故？論主先由相依來說常與無常，即由相依緣起建立能治與所治，此中無常為能治，常為所治，如是無常依於常而建立，常亦依於無常而建立，於是二者皆都成為「相依有」。然而此相依，實可建立為相對（此於下文更說），如是二者即可相離，於相離時相依即不能成立，常與無常的「相依有」即便可否定，故可說常為自性空，無常亦自性空。如是即可說為「非常非無常」。

常如是，餘三者亦如是，是故可說無「我」、無「無我」等四顛倒，即謂顛倒亦無自性。

復次，十二緣起以無明為首支，若無顛倒則當無由彼所生之無明，以二者實相對故。然而若由因果相對觀察，於否定無明為「相依有」時，即可說「無無明」，以後即不須再觀察相對，既無前支，必無後支，既無無明，當亦無由無明為緣之行。如是十二支皆可由觀察相對而成無有。

何以要用相對來證成「相依有」為無自性？

以常、無常為例，二者為能治、所治。加以觀察，二者必不同時，例如貪（所治），必先於離貪（能治）而存在，所以二者不成相依，只能說為相對。

是知相依即有二種，一者不能更成相對關係，一則可作由觀察而知其相對。四顛倒與十二緣起，即是可成為相對之相依。是故即可因其相對而說其「相依有」為無自性。

如是亦可知，何以中觀家說唯識為實事執。唯識家亦說能取識空，故非執識為實有。但中觀家卻認為由成立依他自證分，即實落於內識與外境相依之層次，不能說為相對。何以故？以自證分與見分不能成相對故。

彌勒瑜伽行說自證分具見分與相分二者，此無非謂人日常之能見外境為「自證」，此自證則可說為具能見（見分）與所見（相分）。唯識今學則不同，彼將見分、相分、自證分立為三分，或更立一證自證分而成四分，這時，便只能說自證分與見分相依，因為見與自證不能相離，而且一定同時，如是即永落相依層次而不能成為相對，由此即使說能取識亦空，卻其實永無現證其為空之可能。既不能現證為空，即是執實。——此處是說觀修時之現證，非落於名言而作推理。若如瑜伽行古學，自證分中已包括見分、相分二者，那便沒有唯識今學自證分的問題。

【論】 復次 ——

11　離行無無明　離無明無行
　　彼二互為因　是即無自性

12　自若無自性　云何能生他
　　由他所成緣　不能更生他

【論】 若離諸行，無明則不生；若無無明，亦不生諸行。此
二互為生因，故皆無自性，云何能生他。是故自體不
成之諸緣，非能生他。

【疏】 第12頌後二句，法尊譯為「以緣無性故，不能生於
他」，今改譯如上[5]。

此說無明與行互為生因，即說二者為可成相依之相
對，即二者雖相依，但卻非同時。

依前所說，此即可建立為相依之相對，故始可說二者
互為生因。何以故？此處未說，下頌始以喻明之。今
但確立彼等互為生因，如是即證知彼等不能成為「相
依有」，如是即無自性。

復次，無自性者依他而起，是則其「生他」即亦實無
自性。此如說無明以行為因而生行，是即無自性。

如是即已完成於第9頌之所未說，證成何以緣起即是無
生。

5　藏譯此頌作：/ gang zhig bday nyid rang bzhin gyis / ma grub de gzhan ji ltar
bskyed / de phyir gzhan las grub pa yi / rken gzhan dag ni skyed byed min //

【論】 復次 ——

13 父子不相即　彼二不能離
　　亦復非同時　有支亦如是

【論】 父非是子，子亦非父，非能相離而有。復次同時（此句應解讀為：然而父子卻非同時有）。如父子不成，十二緣起當知亦爾。

【疏】 有子始有父，若無子者，則無「父」之名。如是父與子實由相依而成立，故父子之名不能相離。

但此「父」與「子」實非僅為相依，若僅為相依緣起，則只能成立「子為父因」，即緣有子始生起父，由子生父，此不應理。

故須深入觀察二者是否同時。今觀察而知，說「子為父因」，僅說「父」此名稱以有「子」之名始能成立，由是二者不能離。然而，「父子不相即」—— 父非即是子，子非即是父，是即其相依僅據名言關係而言，離名言關係即知「二者非同時」，父可說為子的因。這樣一來「父子」即互為生因，實彼此相對。

此即為十二緣起之關係。如無明與行。行即是人之生活經驗，依經驗遂執一切法為實有，是為顛倒，如是於顛倒生起時即同時有無明之名。二者此時即是依子而有父之相依；然而二者實非同時，無明為一切煩惱之根本，瑜伽行唯識說之為隱眠於阿賴耶識中之種子，由是此即如父，行即如子，無明實先於行而生起，是則「相依有」不能成立，只能說之為互為生因。

故云：相依而能成相對者，即是互為生因。而互為生因者，必無自性，何以故？於第12頌已說，「**由他所成緣，不能更生他**」。此所謂「**不能更生他**」者，非謂不能生起，實謂不能生起一有實自性之他。

於是，由此證成「子」無自性。復次，以父依子始能成立，子既無自性，「父」亦當無自性，如是復由彼此之相依，成立父子皆無自性。

上來之破立，為龍樹破立之特色。即先建立之為相依，然後尋求其相對（若不能成相對，則非是正建立），由相對破相依者之一，始可破其另一，此際即又依其相依關係而破。如是破立，鋒利無比，外道之因果即由是受破，更不必依因明論式。當然，此亦非謂不可立因明論式，此於《迴諍論》中，龍樹已細說其破立之理。

於此破立須知，若不由相對而破其一，則相依之二者永不可破，此如雙箸，不能單舉一箸說其不可挾菜，即謂雙箸亦不能挾菜。故自證分若與見分相依，即不能說其任一為空，以其可永成相依而不空故。

【論】　復次 ——

14　夢境生苦樂　　彼境亦非有
　　　如是緣起法　　所依緣亦無

【論】　如夢中，實無依境所生之苦樂，亦無彼〔苦樂之〕所依境，如是因緣所生諸法及所依之緣，悉皆非有。

【疏】　由夢作喻，比喻人生。

論主於此實說二種義：一者，夢境非有；二者，境中之苦樂亦非有。人生其實亦是如此，猶如夢境。所以世間說為緣起，實際上連緣都是非有。

何以非有？因為人亦知道夢境不真實，如果真實，人在醒後亦應該見到夢境，且有夢中的苦樂。如是夢位與醒位的顯現境同時顯現，當然不合道理。

此即喻為人生。人生本如夢境，唯人則執人生及其苦樂為實有，此即是迷執。由於迷執，便如長住於夢中，根本不知有醒位。是即長處於輪迴，不知有涅槃。

如何破此迷執？說須知緣起（十二緣起），緣起即是無生，無生即夢境喻，世間與世間苦樂都不真實。是即人知不執夢境為實，唯對緣生諸法卻執實，而不知緣起世間亦實無生。

上來至此，「緣生性空」之建立已證成，且亦說明佛所建立之十二緣起，由相依而成立其有，由相對而證知其空，是即無生義可成。

下來即落於人生層面，說一切人生現象（諸有為法）皆無自性。蓋上來所說為證成理論，今則依此理論而說人生之所謂現實，如是始堪成修證之所依。

四、由相證成空性

【論】　靜言 ——

15　若諸法無性　應無勝劣等
　　及種種差別　亦無從因生

【論】　是故汝說諸法皆無自性，不應正理。答云 ——

【疏】　這是假設諍論來作抉擇。問言：如果諸法皆無自性，那麼便不應該有勝、劣差別，亦不可能說一切法由因生。

由本頌起，龍樹教導中觀。讀者必須注意，在依中道對世間一切作觀時，行者於此已決定一切法無自性，所以便不須對所緣境再作四重緣起觀。

今觀世間現象為空，先觀相空。這亦包括心行相。

由於行者生活在現象世界，連心識所起的心行相亦為現象，所以觀相非常重要，在《六十正理論》中，亦先破執現象為有為無，與此處互有開合。此處先設諍論為所抉擇，下頌即為龍樹對諍論的解答，實即行人的正抉擇。

16　有性不依他　不依云何有
　　不成無自性　性則應不滅

【論】　若謂諸法有自性者，即應非是依他之法。若謂雖不依他亦可有法，則破云：不依他云何有？謂不依他則不成法。若謂雖不依他而可成法，則應不成自性無，自

性若有，則應不壞滅，以終不成無故。

【疏】 此諍依世俗而說。然而，論主於第1頌中已說勝、中、劣等只是世間名言，且已證成一切法緣生性空，何以於此又重起諍論？

龍樹假設諍論，實有深義。以前證成緣生性空，偏重於法無自性一邊，說的是法的本質，本質抽象無可見，但觀修行人的所緣境則是相，觀修所起的又是心行相，所以現在便偏重於相來作觀察。而且，若學人唯知性無自性，而不知有相無相，可決定相無自性那便容易落於偏執，對眼前所見的現象教條地執無來說為無，於觀修時便有如隔空打拳，打不着觀修的目標。

對相作抉擇，只能抉擇有相無相，亦即抉擇現前的現象到底真實抑或不真實。若真實，相便有相性，太陽的光與熱有光性、熱性；四大海的水有動性、鹹性，反之則不真實。

依抉擇言：若抉擇相的有，是因為有性而有，則此相一定不成依他（不成緣起），因為既已有自己的相性，則此相性便一定不須更依其他因素而有。

但如果不成依他，則此相又如何能成為有呢？眼前一切現象，無不依他而有。這樣便可以作出決定。若不成立相無相的自性，依抉擇即不合理，而且，若不成立相無相自性，那麼便不應該有滅的現象，因為既有相的自性便不能無相，滅即無相，故不能有。

這樣一來，由緣生來成立相無自性，才可以成立世間

一切現象，下來諸頌便即就此主題層層探討。此亦即依世俗而成立勝義，非壞世俗而成立勝義。論義如是，讀者應知。

【論】 諍言：緣自性、他性、無性之心非無所依，故〔我就此而說〕性不空。答云──

17 云何於無中　能有自他性
　　以及無性等　此三皆顛倒

【論】 無者，非有義。於此無中，豈可說有自性、他性，以及壞滅性〔無性〕？是故自性、他性；有性、無性，皆是顛倒。

【疏】 此頌依藏譯重翻。法尊譯為：「自他性及滅，無中云何有？故自性他性，性無性皆倒。」[6]

現在依上來的決定見再作抉擇：自性、他性、無性（壞滅性）是概念，成一概念必須心有所依，亦即必有一性為心所依，然後才能產生這些概念，既有性為所依，那就不能說為空。

論主於此抉擇云：上來已經決定，現象性為無，即是性非有，既非有，如何尚能說其有自性、他性、無性等？故說一切法有此等自性，此「有」即是顛倒，以其與「非有」相違故。

6　藏譯原文為：/ med la rang dngos gzhan dngos sam / dngos med 'gyur ba ga la zhig / des na rang dngos gzhan dngos dang / dngos med phyin ci log pa yin //

於此論主並未說心不能依現象為所緣境，只說此所緣境無自性而已。說所緣境相有自性、他性、無性則是顛倒，但說心能緣外境則非顛倒，如是即未破壞世間。

【論】　諍言 ——

18　若諸法皆空　應無生無滅
　　以於空性中　何滅復何生

【論】　若謂諸法皆自性空，則應無生無滅。汝說性空而有生滅，然於自性空中，有何可滅、有何可生耶？

【疏】　此仍持世間現象作抉擇。

世人見有現象，故雖承認本質緣生，亦認許現象非自性有，卻仍不能承認相為緣生必是性空，蓋非自性有不等於性空。何以故？事物由因緣和合而成，如陶師運作陶輪，用陶土以成一瓶，實為世間現象，汝名此為緣生，本質為無自性，這還可以接受，但若連現象的相亦說為空，說相無相性空，則無論如何解說，此瓶宛然仍在眼前，故終覺有所不安。

論主於前雖已證成緣生性空，且證成佛所說之十二緣起亦為空性；於前又證成於空性中不能有自性、他性、無性等，但用性來立論，雖然說為相性，始終覺得抽象，故於此處即針對行者的疑心，直接由現象本身（相）作抉擇。抉擇有二：一者，在空的相性中（現象性中）到底有無生滅。二者，若云空性中有生

滅，則以何為生、以何為滅？

此實用兩難方式作抉擇，在實際觀修時，行者常須適應這種兩難來作深觀。現在的抉擇是：依世法而言，若說空性中無生滅，即違反世間現象。若不違反，則須說明，空性中所起之生滅現象究竟為何？倘不能指出，則等於說空性中無生滅。這剛好是我們要抉擇的主題，必不能拿來作為抉擇後的決定，因為根本未作抉擇。這樣，抉擇者便必須承認自己違反世間，如是，勝義便亦不能成立，因為自己建立的世俗非世人所認許。

如此施設抉擇，絕非無義，此亦非僅為根器低下者設，蓋此中實有深義。

學者每聞說法，或每讀說緣起之論，都知何謂「因緣和合」，可是，卻隨即導入「緣生性空」，似乎說因緣和合即是說緣生性空。

於此際，若認為這說法已究竟，那便會將龍樹在這裏的設疑，看成是無非只為「外人」說，為「下根」反覆開示而說。然而此自以為究竟者，實則連此抉擇亦不能有。何以故？因為說因緣和合，實只能建立為「因緣有」，非建立為「因緣空」。（故前說於觀修中「證成緣生性空」時，始須建立四重觀修來成立空，此為現觀與現證。）現有是抉擇相的因緣有，既成立有，則當可認為「因緣有」之生滅相必有生滅性，由是才須觀察這說法對不對，這樣才能成立抉擇。倘若認為「因緣有」必然是空性，於是認為生滅相之無自性亦為必然，是則必不能於此起抉擇。其不

能，非謂已超越抉擇，實只受籠統概念所縛，既籠統認為不必將此相的「有」現觀為無，則不但不能抉擇，實亦未通達因緣和合之有與空，以其已落於名言邊際而推論，非現觀故。

由是下來，論主即依生滅現象而作討論，非唯只說空性。就現象論現象，始能離籠統之認知，否則於修證時亦必籠統，易陷入「唯空」之邊際。彼唯空者，不由修證之所緣而立論，緣因即在於，以為說因緣和合即等於說緣生性空，於是以「緣起故空，空即緣起」為中道，如是一入修證則必仍墮於空邊，此於下來即受論主所破。

【論】　一切法唯藉空性而成立，何以故？

19　生滅非同時　　無滅則無生
　　應常有生滅　　無生則無滅

【論】　生滅非同時者，謂生滅〔性〕非同時有。

【疏】　「一切法唯藉空性而成立」句，法尊依文直譯為「一切法唯空」，易引起混淆，故今改為意譯，以顯其意。《十二門論・觀有無門》亦有此頌。鳩摩羅什譯為：

「有無一時無　　無滅則無生　　應常有生滅　　無生則無滅」

此處論義分作四段，今說其初，即說「生滅非同

時」。

說生滅非同時，實說云：汝若謂一切法因有生滅相，故應必有生滅性。是則須知，若建立有性，則反而不能成立生滅相。何以故？生性與滅性不能同時故。如是具生相之法唯具生性，不能同時具滅性，是則唯有生而無滅。反之，於一法壞時（如人之生病），若謂其有滅性（壞性），則此法當更無生理，以不能同時具生性故。這樣一來，凡生病就不能康復，如是即不應理。

此處討論，為生性與滅性不能同時，故非說生滅現象不能同時。如是否定有生性滅性，正是解釋生滅現象何以可同時。蓋生滅現象同時，正為世人所常見，此如光生時即暗滅，此現象即為同時。

【論】 若謂唯有生者，破曰：「無滅則無生」，謂無滅中生不應理，以無「無常性」則無有生故。

【疏】 論第二段。論主云：無滅則無生。何以故？以有「無常性」始能說有生起，否則世間唯停留於一現狀，一切法不壞，而一切法亦不能生。譬如一樹，始終為樹苗；譬如一人，始終是嬰孩，此即以其無「無常性」，故唯是「常」，常則更無生長。而此「無常性」之無常，正是汝之所謂滅性，故我可說言：「無滅則無生」。

如是即否定說「唯有生性」，彼欲成立世間，卻適足破壞世間。

【論】 又，應常有生滅者，即謂應常有生〔性〕與無常性。

【疏】 論第三段。此處論主更不須別破，只說云：此說法其實同前，即是說生性與滅性同時，汝今不過改換名相，說為生性與無常性二者常時共存而已。此前已破，不須更破。

【論】 若謂無常性恆隨法轉，於生、住時不起作用，要至滅時方滅其法者。破曰：無生則無滅。謂若無生時，則滅亦非有。若無滅，則無滅相之無常性，以無滅而說為無常，實不應理。故無常唯應有滅。

【疏】 論第四段。諍者諍言：我非謂一法之生性與滅性同時起功用，彼二者可同時共存，但當顯現為生相或住相時，滅性不起功用，唯至滅時，此滅性始起用以滅其法，如是即可成立二性於一法中俱存。

論主破云：「無生則無滅」。何以故？唯有於諸法之「生」中，始能見有「無常」，此前已說如樹苗之成樹而至枯萎，嬰兒之成長而至老死。今汝謂生時與住時中滅性潛伏，是則即如說於生時住時無無常性。滅性不起用而能有「無常」，此實不應理。

上來依世間生滅現象作探討，成立四點 ——

1・一法不能同時具有生性與滅性。

2・一法不能唯具生性而不具滅性。

3・一法不能有生性而同時有一無常性。

4・一法不能具有生性與滅性，而滅性於此法滅時始起作用。

如是即依世間現象，否定諸法有現象性，既現象性為無，是即可說為諸相無自性而空，正唯於此空性中始可成立生相、住相與滅相而無過失，故龍樹於《中論》觀四諦品說云——

> 以有空義故　一切法得成
> 若無空義者　一切法不成

此以空性建立一切世間現象，是由勝義以建立世俗，即謂空性實不壞世間，不承許空性則世間壞。

然而上來討論皆立足於生，若作抉擇，尚應抉擇世間一切現象終極是滅，亦即一切相終極不成，如是落於虛無而說一切相唯是滅性。故論主於下頌即加以討論。

【論】若謂即唯有滅，答云 ——

20 無生應無滅　不從自他生
是故生非有　無生則無滅

【論】於無生時應無有滅。

彼生非從自、他生，由此生非有〔生性〕。非有生〔性〕者，即不能生。

故無生則無滅者，謂無生者即無彼生之滅，故彼滅即

非有。

【疏】　頌文初句，法尊譯為「無生時無滅」。

此論頌分三義以否定唯有滅。

初，唯滅見者非不認許世間有生此種現象，彼唯落於虛無而已，故論主先確立「無生應無滅」，此亦當受彼許可。以生先於滅，實為世間所共見之現象。

次，否定生此種現象有自性，以其不從自生，亦不從他生（亦非自他共生，亦非無因生），故說為無自性。此點當亦受諍者認可，以其持唯滅見，故當不堅持有生性，若堅持者則非唯滅。

及後，論主即引其上兩種建立，指出唯滅見不可成立。何以故？既然有生始有滅，無生應無滅，即滅依於生而成立，今若生無自性，以相依故，滅亦應無自性。

用相依緣起破由現象成立之因緣有，亦是龍樹作破立之常見手段。因緣有必落於執實名言之邊際，故用相依緣起即可破其執名言與邊見。

於觀修，唯空見實亦即唯滅，然而彼卻自以為不同於持現象而說唯滅者，以其亦持空性而說，且認許世間現象故。

是知持空性而唯空，實有二種。

一者，落於空邊，視一切法之空性，實由斷滅現象自性而成立，如是成斷滅見。釋迦於《寶積》中向迦葉斥責之方廣道人，即是此類。

二者，籠統以空性為勝義，彼亦說不壞世俗，但卻以籠統之勝義空、世俗有為中道，故若說其唯空，彼必起諍，不如說之為「勝義唯空」。

於此二種，論主於此處所作之破立，實未能盡解其唯空，故下來即更作破立以為對治。

【論】　復次 ——

21　有生性應常　　無者定成斷
　　有生墮二失　　是故不應許

【論】　諸法若有生性，應墮常邊；若無生性，定有斷滅之失。以說生性，犯上二過，故不應許有生性。

【疏】　上來已否定唯滅，今則由生而說。說一切法有「生自性相」、「無生自性相」，即皆犯過失，前者落常邊、後者落斷邊；前者落實事執，後者落唯空見。

故無論常斷二邊見，實皆由建立生性而來，二者之分別，僅在於常見者許可此建立，斷見者則否定此建立。故於觀修時實先不應作生性的建立。

於實執有生性者，如唯識師之執有依他自證分、中觀自續師之執自相為真實。

於執無生性者，則如前說二種唯空。此處須知，唯空之失非由空性來，實由其斷滅生性而來。正由於其修止觀時作意於斷滅生性，始成唯空，而非現證色空。

若言：汝亦說一切法無自性，今我無此「生性」，何

以即是斷滅？

答云：汝之所謂「生性」，本為法界之大功用，亦名為諸佛之大悲功德，故其實是用而非性。由是生機始可周遍一切界，離時離方分，此詳見於《佛地經》所說。

正由於生機是用而非是性，佛始說般若波羅蜜多為離四邊無生體性。此非先立一「生性」，然後斷滅此性而證空。此即我所說一切法無自性相之意，非同於汝之誤認功用為自性而加以斷滅。

由是論主說生滅，即在於證成生滅相實本無自性，而非建立種種性以說現象性，然後否定此種種性，即謂為空。（於此可參考宗喀巴的說法：以「自性空無」來消除「虛無」偏見。）

下來即續作探討。

【論】 諍言 ——

22　相續故無過　作因法始滅

【論】 〔諍者謂〕生與滅是相續，故無斷常二過失。既作因〔而成果〕後，其法始滅。

答云 ——

此如前不成　復有斷滅過

【論】 生滅非同時，我前已說，故許相續如前不成。又汝相

續亦應有斷滅失。

【疏】 頌文第二句難譯。藏譯為rgyn byin nas ni dngos po 'gag若
譯為長行，則為：「法滅於其已成為因〔生果〕之
後」。法尊先譯此句為「法與因已滅」，後改譯為
「與因已法滅」，今姑且如是改譯。

於此抉擇者諍言，我若說生法滅法是相續，如是以有
生法故非斷，以有滅法故非常，是即無斷常二過失。
且我說一法之滅，實在於其已作為因而成果之後，如
是即非斷滅。

龍樹於此，實遮經部師之建立種子，於此不擬討論。
但須知論主之意，實不許有生性滅性，說此二性為相
續，實即說此二性共存於一法中，是仍犯生滅同時
過。復此說為作因後始滅，仍是斷滅，只不過說其完
成任務後而滅耳，非不斷滅。此如說父生子後而死，
非是不死。

是故於生滅現象中，一切現象性皆不立，相即是相，
用只為用，如是始是正見生滅。

【論】 問云 ——

23 佛說涅槃道　見生滅非空

【論】 由見生滅，佛說涅槃道，故非為空性。

答言 ——

此二互違故　所見為顛倒

【論】 此非見無有「生」，是見生滅〔相〕；又見生〔性〕
與滅相違，見滅〔性〕與生相違。彼生滅二互相違，
故見生滅〔性〕知成錯亂。依生始有滅，依滅始有
生，故是空性。

【疏】 行者於抉擇時易生此疑：佛由見生滅而始說涅槃道，
故認為「見生滅」非即是空。

落此抉擇見即可分兩途。一者入他空，以無為法不
空，涅槃不空，真如不空，但世間現象則空，所以前
者無壞滅，後者必有。一者則反之而入唯空，以為一
切存在或顯現皆因壞滅而空，因為世間現象無不毀
滅。二者見地不同，可是由壞滅說空則殊途同歸。由
是論主即依壞滅而作抉擇。

論主言：佛見生滅，是見生滅相，汝則說之為見生滅
相性。見生滅相無過，故佛只說一切法無「生」相之
「生性」，而汝卻以為見生滅相即是見生滅性，若如
是，生滅性二者互成相違，是為錯亂。

生滅二法，可由相依復相對而知其無生滅性，故證知
其「因緣有」，無論依「相依有」抑或依「相對
有」，皆應決定為空。由是觀修的現證，即證入無生
性與滅性即是空性。這樣抉擇，已完全抉擇了他空，
因為識境現象亦無生滅，是即同於真如。然而對唯空
者卻未全破。

此中唯空見者，實由於執著空性，於是便誤認佛的涅
槃即是空，且以為斷滅即空，所以才由「佛見生滅」

而啟疑。於抉擇時，又不敢謂佛涅槃為斷滅，於是便疑及生滅。以涅槃既非斷滅，那就必然是佛有所斷滅始得入涅槃。上來說唯空見之第二種人，即是此類，他們以為空便是勝義，故可名之為「勝義唯空」，這類行人既以勝義為空，自然很容易就說佛必有所滅然後才得入涅槃。涅槃為勝義，而此勝義即是空。

所以下頌便依生滅來說涅槃。

【論】 問言——

24　若無有生滅　何滅名涅槃

【論】 若無生滅，何所滅故而名涅槃？

答云——

自性無生滅　此豈非涅槃

【論】 若性無生無滅，此豈非即是涅槃。

【疏】 疑者此時已說出心底話，此即以滅為涅槃，所以說此滅即是空性。

今論主正言：現證一切現象自性無生無滅，此豈非即是涅槃。

如是出涅槃義，亦出勝義空義。故涅槃實無所滅、勝義空非由滅而空。下頌即明此理。

【論】 復次 ——

25 若滅應成斷　異此則成常
　　涅槃離有無　故無生無滅

【論】 若謂滅是涅槃，則應成斷；若是不滅，則應成常。是故涅槃非有無性，無生無滅即是涅槃。

【疏】 今復回至滅邊以說唯空者之失。彼「勝義唯空」者，實誤認涅槃必有所滅，是為涅槃建立滅性。如是彼於說般若波羅蜜多時，雖亦說涅槃為非常非斷，實必以滅盡一切性相為究竟。今之不善學中觀應成派，即易犯此弊，而此實為觀修時易起之弊。

故《心經》雖已明言：「色即是空、空即是色」，由一切法及法相來現證如來法身（空性），同時依如來法身建立一切法及法相，但「勝義唯空」者必由「是故空中無色」而說唯空為勝義，蓋彼以為，稍有少許現象性（說為相自性）未斷，都不應是涅槃，是即持斷滅見以說涅槃。

論主於此，實說滅與不滅皆非涅槃。否則即置佛於斷邊或常邊，皆不應理。

然而以唯空為勝義者，必不承認自己所持之唯空即是斷滅，以我亦承許世俗有故，於是即有下頌的抉擇。

【論】 問言：滅應是有，是常住〔法〕故。
答云 ——

26 滅若常住者　離法亦應有
離法此非有　離無法亦無

【論】 若滅常住者，應離於法亦有滅；復應無所依〔而能常住〕，然此非理。

復次，若離法，若離無法，俱無有滅。

【疏】 勝義唯空者以承許世俗有故，不自以為斷滅，故謂滅是常住。何謂常住？即謂滅常見於世間現象，我許世俗有，定當許世間一切法有斷，故此滅亦是常性，由是我之說滅，亦即不常不斷。以滅有常性，是故不斷；以常性為滅，是故不常。由是勝義唯空者亦可自立為中道，以為不同於釋尊所呵之方廣道人。

如是見地，依然落於生性、滅性之邊見。故論主即破其常住。說言：滅若常住，由於是常，便應可離法（相）而住，亦可無所依而住，此實不應理。

此即云：若滅有性而常住，而非僅為現象，則彼定離一切事物而呈現。若非如是，則僅能說滅為現象，為一切相之變異相。彼既不能離現象而現，便不得說為常住。

復次，不但離一切相即無滅，即離「無法」亦無有滅。何謂「無法」，即謂已證知其為無體性之相。無體性相汝說為空，若滅常住，則此空亦為滅所依處，如是即空性亦不能成立，因為既為滅所依，便不能滅掉空還說空。如是，即不能以唯空為勝義。

何以故？其抉擇於下頌即說。

【論】 云何應知？

27 能相與所相　相待非自成
　　亦非輾轉成　未成不能成

【論】 能相依所相而成立，所相亦依能相而成立，離相依即
不能自成。亦非輾轉成者，謂相互不成。由此理故，
能相所相二俱不成，此自未成之能相所相，亦不能成
諸法。

【疏】 先須說明何謂能相、所相。

由虛妄分別而執一切相實有自性，此「虛妄分別」即
名為一切法之「能相」；此被執為實有自性之一切
相，即名為一切法之「所相」。例如：以「角想」為
能相，那麼，「牛有角」、「兔無角」便是所相。

能相所相二者相依而成立，所相依能相的虛妄分別而
有（如「角想」即是虛妄分別）。此「相依有」，非
是實有，故其自性不能自成，亦不能互成。

今汝以空為勝義，以有為世俗，即以此為中道，然汝
之空性實說有生性滅性，唯說滅性以為空，是則汝之
有亦有生性滅性，唯說生性以為有，如是籠統而說空
有。是故汝之勝義空與世俗有，無非成立「滅性之
空」為能相，成立「生性之有」為所相。若如是，則
一切相皆不得成。

何以故？能相所相未能自成，亦不能互成，未成何能

成諸相？其未能成，且不能成諸相，即壞世俗。是故說汝為唯空。

【論】　復次 ——

28　因果受受者　能見所見等
　　一切法準此　皆當如是説

【疏】　此即謂，不但能相所相不可說為有生性、滅性，如因果等，不能說因有因性、果有果性；受有受性、受者有受者性；於能所，不能說能取有能取性、所取有所取性等。一切現象無論具象或抽象，悉皆如是，無有例外。

如是即謂一切相無有自性，以此無有自性即為空性。非以其有自性而滅此自性而為空。如是即成斷滅。

於斷滅中，一切法皆受破壞，是故謂其有因性而滅其因性，謂其有果性而滅其果性，如是等等，即壞滅一切世俗有。由是於修證時，若抉擇一切相皆成壞滅而空，則此所謂空性，非斷滅而為何耶？

上來說相，不但於所相中說無其自性，且於能相中亦說無其自性，即可證成一切相皆非有如其自相之性，是即證成空性。

【論】　諸時論者說有三世，故應有時。

答云 ——

29 不住及相依　變異及無體
無性故三時　非有唯分別

【論】　時不成。何以故？

不安住故。時不安住，作不住想。若不住則不可取，不可取云何施設，故時不成。

又相依故。謂互相觀待而成立，由依過去成立現在未來；依現在成立過去未來；依未來成立過去、現在，由此相依而立，故時不成。

又即此時觀待現在，說名現在；於未來觀待〔現在〕則名過去；於過去觀待〔現在〕即名未來。如是變異〔不定〕，故時不成。

又無自體故，由自體不成，故時不成。

又無自性故，時亦非有。要先有性，其時乃成，遍求彼性全無自體，故時亦非有性，唯分別耳。

【疏】　抉擇者尚以三時相而疑生滅，若時為有自性的「時相」，則過去、現在、未來三時，即可說為生時、住時、滅時，此際即可由時間之推移而說滅為一切相自性，如是則空即是滅。

論主以五點理由說時不成（有自性）。否定「時性」，彼即最後亦無所滅。此五者即：1）不住、2）相依、3）變異、4）無體、5）無性。論文易解，不須更說。

然「勝義唯空」者之病根，實在於誤解空性。彼於空

性中雖亦認許一切相，但卻以為說一切相無自性，即是於一切法斷滅其自性，當自性斷滅時，即無相性，是為空性。今論主已證成無能相性、無所相性，以至無時性，是一切法所呈之現象悉皆無有自性，以不能由能相所相建立，又不能由三時建立其相有自性故。於是彼等唯有依「有為」與「無為」而唯空。

此即：有為法具生、住、滅三相，若承許有「有為」，即不能不承許此三相性為實有（三相性，即生性、住性、滅性）。由是即有下來的抉擇。

【論】 問言：如〔佛〕說一切有為皆具生住滅三相。與此相違是名無為，故有為無為皆應是有。

答云 ——

30　由無生住滅　三種有為相
　　故有為無為　一切皆非有

【論】 所說生住滅諸有為相，若真實觀察皆不應理，故彼非有。由彼無故，有為無為都無所有。縱許為有，若真實觀察，不應理故，說為非有。何以故？

31　滅未滅不滅　已住則不住
　　未住亦不住　生未生不生

【論】 此當問彼，為已生者生、抑未生者生？

若已生者是則不生，何以故？已生故。未生者亦不

生，何以故？尚未生故。

即此生法，為已住而住，抑未住而住？若已住者則是
非住，已住故。未住者亦不住，何以故？未安住故。

又彼為已滅而滅，抑未滅而滅？俱不應理。

設許「有為」，若以此三者作次第觀察，皆不應理，
故無「有為」；「有為」無故，「無為」亦無。

【疏】 佛說有為法具生住滅相，離此即是無為。以此之故，
唯空者以為必須滅此三相才成無為。若已抉擇相無滅
性，那麼，於修證時即滅其用。

此如於觀修時誤解無分別，以為無分別即是不作分
別，由是強調心無所緣而目視虛空，此即欲求滅心識
之用，不令心識以生住滅相為所緣境。

論主於此，謂不但生住滅無自性，即生住滅相亦無自
性，由是即無「有為」。「有為」既無，與之相依之
「無為」自亦為無。既連無為亦不成立，是即根本不
須要滅一切相能成所緣境的功能，由是心識有所緣而
觀修實亦無妨。

此處「有為」與「無為」實是能成相對之相依，以二
者不同時故，由是二者即非不能相離，是故可先破
「有為」，然後因其相依而有，即可同時破依「有
為」而成立之「無為」。——此破法於前已說。

然則，如何說此三相為非有耶？

故第31頌即說其理。於生相：前已說唯有已生時與未
生時，不能說有剎那現在時，故即唯有已生相與未生

相，無剎那現在相。如是若為已生相者則不生，若為
未生相者亦不生，故無生相。

何以唯有已生、未生相？此即依世間現象之觀察而
說。於見一物時，必只能見其已生相，此如見已成型
之花蕾；或能推知其未生相，此如見花蕾即可推知花
開，幾時能見其方生時相耶？方生相時不能見，則當
可說之為無。

生相如是無有，住相與滅相亦可從類而推，今不更
說。三相既破，自然更不能說三相有可滅之生性、住
性、滅性等。

【論】 復次──

32 有為與無為　非多亦非一
　　非有無二俱　此攝一切相

【論】 若真實觀察，有為與無為，非多非一、非有非無、非
亦有亦無，應知此中，二法之一切相已盡攝。

【疏】 法界中一切法，只能歸為「有為」、「無為」兩類。
有為法落於業力因果，無為法則離業力因果；由是有
為可建立緣起，無為法則不可建立為緣起；有為法為
識分別境，無為法則為證智境；有為法為阿賴耶，無
為法為如來藏；有為法以虛妄分別為能相，無為法以
離分別之真如為能相。

以四重緣起而言，有為與無為法二者相礙，非僅為相

對。以易於解說故，佛家通常以如來藏為喻。若如來藏受礙，如月受（地球）影礙，則人不能見如來藏，只見受礙之如來藏相，即名為阿賴耶。然於現證如來藏後，如月更不受礙，此際如來藏即礙阿賴耶，不復能見其雜染或受礙相，故彼不起用，離諸分別。

因此「有為」與「無為」雖相對有，於相礙緣起中，即可說為非一非異。有礙與受礙之分別，是故非一；雖呈異相而同為法性相，是故非異。以此之故，有為相與無為相皆無自性，只是境界。

此無自性，實已離四邊。何以離四邊，筆者於另文（《四重緣起莊嚴‧白螺珠》）中已說，今不更說。

上來由相，證成空性，至說有為、無為，一切相已盡說。然而有為法有業、因、果等，由是即有作業與受果者，若說有為法無自性，是則彼等當復如何？豈非無因果、無作者受者耶？

如是下來即說。

五、由業證成空性

【論】 諍言 ——

33　世尊說業住　復說業及果
　　有情受自業　諸業不失亡

【論】 世尊於經中多門宣說業及業果；復說諸業非無有果；

更說諸業皆不失壞；及說有情各受自業，故業及業果決定是有。

答云——

34 已說無自性 故業無生滅
由我執造業 執從分別起

【論】 如前已說業無自性，故彼無生亦無有滅。頌言：「由我執造業」，故業是由我執所起，而此執復從分別而生。

【疏】 上來由十二緣起、由諸法現象（相）以證成空性，所討論者，側重可見現象而說，至於抽象的法相則少所舉例。故今即就此抽象諸法加以論述，證成彼等亦無自性。

此等法中，上頌已引出業等問題，且抽象的現象重要無過於業。人之身語意所作者為具體，至於身語意之業，則屬抽象，不可見、不可觸、不可說、不可思維。然而彼業決定存在，何以故？世尊說故。世尊言業力永不失退，俟因緣熟而成果。抑且雖不由世尊說，世人亦可感覺果報宛然。對一些世事，人或感嘆而言：「如是因、如是果」，人之相處，亦可自覺投緣不投緣，由是人情始有親疏厚薄。又或者千里姻緣、萬里讎仇，此中宛然有業力支配。人於作惡時，於心理上否定業力，無非欲得心理平衡，事過境遷，則未嘗無所歉仄而惶惶然欲求補償。外人宗教之強調贖罪，正與此有關，故非唯佛教徒始相信業力。

然則，業、因、果等可以無自性耶？

論主云：「已說無自性」。這是已說現象無自性，業
等亦不例外。

何以故？論主云，業由「我執」而作，而此執著則由
分別而起，故業實以分別為性，此分別無非虛妄，故
業無自性相，無生無滅。這是根據前說的能相、所相
而說，因為虛妄分別正是一切有為法的能相。

然則，業及因果豈非已受否定？

不然，以業雖無自性，其實亦不失壞，故非無業、無
因果。此於下頌即說。

【論】 復次 ——

35 若業有自性　所感身應常
應無苦異熟　故業應成我

【論】 若業是有自性，則從彼所感之身應是真實、且應成恆
常性，如是彼業即無苦異熟果。彼業常住，故應成
我，以無常為苦，苦即無我故。

由業無自性，故業無生；由無生故，即無有失壞。

【疏】 觀修行人若以為業必須有「業性」，然後始能起業力
功用，則可抉擇為謬誤。蓋業有自性，則感業而生之
身，即當以此業自性為身自性，如是即成有實自性
身，且此實自性身必為恆常。何以故？以有實自性
故。

如是此感業而成之身，若常具業性，此身便更無異熟
果（異時而流轉之果），因為恆常身必無異熟（無下
一生），如此即成「我而恆常」。此不應理。

何以成恆常「我」？以無常即苦（現象變壞等），復
由苦而無我（身能壞滅是苦，所以「我」非恆常），
今若彼業性既常，如是無苦（無變壞），遂無無常之
我，是故恆常，既恆常即不能說為無我。

是故應知，必須業無自性，始合世間現象。此業非無
自性即失壞，正以其無自性，是故無生，如是業力始
不失。何以故？此如虛空，以無自性則不失壞，故飛
鳥不留足印於虛空。若有自性，空中當有鳥迹，喻如
泥上鴻雁指爪印。彼泥失壞，虛空則不失壞。

【論】 復次 ——

36 業緣生非有　非緣亦無有
　　諸行如幻事　陽燄尋香城

【論】 業從緣生，即是非有；從非緣生，更不得有。何以
故？由諸行如尋香城、幻事、陽燄，故業無自性。

【疏】 上來已說業從緣生，故無自性。若非從緣起而生，則
又如何？是更不得有自性。以身、語、意諸行，成
身、語、意三業，而諸行如幻、如陽燄、如尋香城
（乾闥婆城），實無自性。故無自性之行不得成為有
自性之業。

業力問題，一直困擾小乘行人，因為業滅而能生果，
已經矛盾，且無我而有受者，那就更加矛盾，故只能
說業應有自性，即是實有。說一切有部即說業為「無
表色」，此為無形物質，三世恆有。其後經部師則立
種子，謂有情一切身語意行都由種子引發，而由此種
子感生業果，故種子亦有自性。此皆為彼等觀修時之
決定。

如是建立，即不能以十二緣起為空性，以「行」之業
既有自性，則十二緣起亦應有自性。如是故謂小乘行
人未能圓證「法無我」。於諸法，彼等所證之空，龍
青巴尊者喻之如芝麻為蟲所蝕，餘一空殼，如是而
空，實未究竟。

然小乘行人亦知說業有自性其實與十二緣起之說有衝
突，蓋十二緣起不可能不具空性，否則生死便有自
性，如是即不能無我，而無我則為釋迦所立之基本原
則，不容毀壞。以是之故，彼等即不將業視為緣起，
如是便等如認為由無自性之行，可引生有自性之業；
同時亦可說為，由有自性之業，引生未來無自性之
行。

今論主於此不抉擇業是否緣起，蓋一旦抉擇即多費
辭，且諍論頻興，必須辯破當時尚流行之有部與經
部，如是即成另一論題。故只於此處證成，謂業為緣
起，業應無自性；謂業非緣起（獨立於十二緣起之
外），業亦應無自性。此即實謂業與行互為因果，若
謂行無自性，業亦當無自性。是故十二緣起中雖無業
支，而業則已在行支中儼然具在。

故下頌即說。

37　業以惑為因　行體為惑業
　　　身以業為因　此三皆性空

【論】業從煩惱因生；諸行從業煩惱為因而生；身以業為因。此三皆自性空。

【疏】業從惑生，惑即煩惱。此即「生死相續，由惑、業、苦，發業潤生」。於十二緣起中，無明為發業之惑（引起業的惑），稱為等起因；愛、取二支為潤生之惑（成立「生」這現象的惑），稱為生起因。

行可視為業之同義詞，指能招感現世果報之過去身、語、意三業。是故諸行即以業煩惱為因。

身則以業為因，是為業感緣起。謂由過去世三業招感異熟果，而成今世正依二報身。

如是業、行，身三者皆由惑為因而成，以惑即是緣起之支分，故無自性，由是此三者亦應無自性。

如是即解決小乘諸部之諍論。成立業無自性。此謂由身起行，由行作業，復由業感果（異熟身），如是循環即是永成相依。於相依中，若一者無自性，則餘者亦無自性。今身與行之無自性已不須證成，是故與之相依而有之業當亦無自性。

業無自性，則業果當亦無自性；業之作者與受者亦應無自性，故下頌即說及此。

38 無業無作者　無二故無果
　　無果無受者　是故皆遠離

【論】 如是，若以正理觀察，果無自性則業非有；若無有
業，作者亦無；若無業及作者，則果亦無；若無有果
即無受者，是故皆成遠離。

【疏】 此以彼此相依，故連環而破。

初成立果無自性，此無可諍論，「我」此異熟身便即
是過去世業果，若承認無我，必須承認此異熟果無自
性。

由是：果→業→作者→果→受者，此相依而成之環節
即皆可說為無自性。如是即為總破。

下來即復作別破。

【論】 復次 ——

39 若善知業空　見真不造業
　　若無所造業　業所生非有

【論】 由見真故，善能了知業自性空，不復造諸業。若無彼
業，則從業所生者亦悉非有。

【疏】 此說業及果。

何以上來已反覆說業無自性，此處又須別說？此業感
問題在當時實甚困擾佛家小乘諸部。當時尚無彌勒瑜
伽行之建立 —— 此非謂佛家無瑜伽行，只謂其時尚無

由無著與世親弘揚之彌勒瑜伽行派，故更無由世親
《成業論》所建立之阿賴耶緣起，完善解說業與輪迴
之機理，於是諸部皆傾向於建立業有自性，由是於觀
修上即問題叢生。

龍樹建立緣生性空之中道，實即由十二緣起發展而
成。釋尊既說緣起，故若無我則業當不能有自性，龍
樹即由是而據四重緣起以說一切法無自性，能知此
者，則業自然亦可無自性。何以故？以一切法實互為
因果，若皆無自性，則可說為：由無自性之業，感生
無自性之異熟身，此無自性身作無自性諸行，又成無
自性之身語意業。此即如電視螢幕，搬演無自性之劇
情（劇情可以隨意編），所以一切皆可於無自性中成
立。

由是龍樹即不得不反覆說此理趣，說明一切於無自性
中運作，故業無自性亦可有業感之力用（是故後來應
成派認為，根本不必成立阿賴耶識與種子），由是業
無自性亦不壞因果。

今即成立業無自性，而其果亦無自性，是即因果都於
無自性中成立，這是因果的真相，即所謂「見真不造
業」。不造業非謂不作業，是即謂非能成立一有自性
之業。

【論】 問云：為全無耶、抑少有耶？答云：可有。如何而
有？

40　如佛薄伽梵　神通示化身
　　其所現化身　復現餘變化

41　佛所化且空　何況化所化
　　一切唯分別　彼二可名有

42　作者如化身　業同化所化
　　一切自性空　唯以分別有

【論】　如佛世尊以神通力示現化身，其所化身復現餘化身，
　　當知業亦如是。

　　如來所化自性且空，況彼化身所化餘身耶？如是二事
　　唯以分別可名為有，業亦如是。

【疏】　問云：為全無耶？足見部派佛教不能接受業自性空。
　　今聞論主反覆取證，證成業空，因果皆無自性，尚以
　　為其自性未必全無，故仍曰：抑有少分自性？此即欲
　　於無自性中建立少分業性，以作為因果之依據。

　　論主於此處揣摸小乘行人心理而設問，甚為生動，而
　　當時部派佛教行人之普遍心理，亦可由是而知。然
　　而，今距龍樹已千八百年，不少佛教徒亦難接受「無
　　業無因果」之說。甚至筆者於一篇文章中談及超越緣
　　起，即受有一小集團三五眾聯手為文質難云：「無人
　　可以超越龍樹！」彼以為超越緣起即是超越龍樹，且
　　以為緣起有緣起性，故一說超越，便是謗法謗聖者。

　　龍樹當時所處環境恐怕亦彷彿，說無業因果，必有人
　　以為「無人可以超越佛陀」，且或以為龍樹謗佛謗

法。故龍樹於此即索性明言：佛及其所化皆無自性。佛尚無自性，何況其所說之業因果。

故言：世間一切業顯現，如世尊以神通示現化身，其化身又以神通再現化身。佛所化身，自然不可說有自性，化身再現化身（化所化身），則更不能說有自性。

然而化身及化所化身，卻可因分別而於名言上說為有，故非不可有，只是由分別而成「名言有」。

業亦如是。作業者即如佛之化身，其所作業即如化所化身，彼二可有，唯分別有、名言有。如是亦可說為「少分有」。

故此三頌，其說委婉，以世尊化身及化所化身為喻，當可令部派佛教行人悟知其「無自性」之理。

如是下頌即可進而說明，何以必須說業因果無自性。

【論】 復次 ——

43 若業有自性 無涅槃作者
無則業所感 愛非愛果無

【論】 若謂業有自性者，有自性則定無涅槃，亦應無作業者。何以故？即無作者亦有業故。若有自性者，則業所感之愛非愛果亦皆非有。

【疏】 若行者不能抉擇業無自性，則必不能現證涅槃。何以故？永受業力牽引故。

行人修止觀，必持抉擇見而修。由作抉擇而修，由抉擇而生決定，如是始稱為寂止與勝觀。若教人如何修小乘四念住，如何習大乘定，而不強調抉擇與決定，便只落於形式，很容易就會給人將止觀當成「氣功」。

於修止觀時，若抉擇業有自性，是即永落於虛妄分別，永落於執「名言有」為實有，是則永無現證般若體性之一日，以其未通達緣起故，當然更不可能現證涅槃。因為行人永落於業因果自性邊，於決定時，無非只能將止觀境決定為因果之運作，而涅槃則須離因果、離業、離緣起。

即就世間法而言，若業有自性，則業無作者，以業自性已成，則作者更不能由所作而改變其自性。此如已成型之瓶，更不能有作者能令其改變。

如是亦無業所感果，愛果與非愛果皆不成，以業有自性，更不能成為感果之因。此如陶土可以成器，而破陶片則不能。

是即謂業有自性，不但破壞出世間，同時亦破壞世間。故抉擇其自性之有無，實為行人之大事。

然而若究竟而言，亦不可但言業因果無自性、業作者受者無自性，如是亦成空執，易壞其名言有，故下頌即糾正唯空。

【論】　經廣說有，云何言無耶？

答云 ——

44 説有或説無　或説亦有無
諸佛密意説　此難可通達

【論】 經中有處説有、有處説無、亦有處説亦有亦無。諸佛
密意語言，於一切種不易通達。

【疏】「一切種」謂佛智境，佛於經中或説業因果為有、或
説為無、或説為亦有亦無，是則如何抉擇？

論主云，如是説即是諸佛密意。密意者，只用言説來
宣説，實則尚有言外之意。此即世間之所謂「暗
指」。譬如打太極拳，明是雙手打圓圈，暗則寓意陰
陽開合。

小乘修十二緣起，執緣起有實自性，無明實有，以其
為緣而生行，行亦有實自性；如是至生有實自性，以
其為緣而生有實自性之老死，此際業因果即有實自
性。

及至逆觀，由老死盡而觀生盡，或説為斷滅老死，如
是即説其自性受斷滅而為無。如是等等，此際業因果
即亦無有，以行支已盡故。

然而佛實説十二緣起及業因果等，為非有非非有，以
無自性故為非有；以名言有故非非有。此即佛所暗
指，小乘行人難以通達其意。

何以難通達？以其但求永斷輪迴，即但求永斷諸業及
其所起之果，倘如業與果都不真實，那麼，斷業又有

甚麼用？是故他們便不能悟入「非有非非有」。

大乘行人不同，彼因菩提心故，須求乘願再來世間作佛事業，故因果不斷（此時對聖者而言，當說為功德不斷），由是即須離四邊際，證業因果究竟無生，無生而生一切，是故無自性而具功德。由是即能悟入非有非非有。

上來已說業及其因果、作者受者都無自性，如是已於體性邊圓滿宣說緣起無自性。下來即就行人於修持時之能緣識與所緣境而說，此即為實際修持而建立。是即說根、境、識三者，是即涉及修持所依之法相（蘊、處、界等），由是下來更說。

六、由根、境、識證成空性

【論】 問言：此中說色是大種生，故有。餘非色諸法亦應是有。

答云——

45　色從大種生　　則非從真生
　　非從自性生　　他無非他生

【論】 若說色是大種所造，色則從非真實生。從非真實者，謂非從自，是故色非從自性生。

諍言：是事實爾，非從自性生，是從他生，以諸大種是他故。

破曰：彼無，非他生，謂色〔自性〕非從他生。何以故？以彼無故。彼無，即他無。云何他無？謂〔他之〕自性亦不成，故從他〔而有自性〕非理。說無從他生固非理，說無之他亦非理故。

【疏】頌文末句，應標點為「他無、非他生」，若不加標點則實易誤解。[7]

說根、境、識，先說色法者，以外境悉是色法故。若抉擇言：佛說「四大種所造色」，是則色由四大種生起，如是色即應有自性，有四大種之性故。（提醒一句，這裏說「色自性」實在是說「色相自性」，一如上文，下文亦然。）

答言：謂色從四大種生，則色非從自而生，如是色即無自性。是故說一切色法皆非從自性生。

抉擇者認可，說言：事實如此，謂其從四大種生，即是由他而生，以四大種即是他故。如是抉擇者以為即可成立色法有大種性。若色法有大種性，則緣色之根（如眼根等），起分別之識（如眼識等），便悉皆有大種性，何以故？緣於四大種而作分別故，如是即皆以大種之性以為性。

論主於此破曰：色非從他生，是故無有自性。何以由四大種所造亦無自性？以「他無」故，即四大種亦無自性。無自性之大種不能生起色法之自性，故其自性非從他而有。

7　此句法尊譯，前曾誤改，今復依原譯，筆者於此抱歉。此句譯為長行則是：「由於他（大種）無，所以色不是他生。」

是故可以決定：若說色法非從他生固是非理，然而若由無自性之他而成立色之自性，是亦非理。

上來所言，即以四大種亦無自性為立論之根據，能證成這點，便容易抉擇根、境、識，故下來即須證成四大種何以無自性。

【論】 復次，大種非有。若說大種從相生，彼相在大種前，不應正理。若無能相，則所相之大種亦不得成。復次——

46 一中非有四　四中亦無一
　　依無四大種　其色云何有

【論】 由四中無一、一中無四故，依止無體之四大種，其色如何得有耶？無者，謂非有也。

【疏】 先說能相、所相。其關係，能相為因，所相即由此因生。如是即能相為本體，所相為依本體呈現之相。此如世間一切現象，依虛妄分別的能相，便顯現為虛妄分別的名言相。

今說色法由四大種所造，是即四大種應為能相，色法即為所相。然而事實所見卻似恰恰相反，大種從何而見其有？由色法之相而見其有，如水，實見水相而謂其由水大種而成，如是則是水相為能相，水大種為所相。然而此實不合理。何以故，水相不應先於水大種而成立故。

如是即知，大種不能成立為有相。

可是色法卻有相。然則是否此一色法中有四大種？答言：若如是，此即如水相中非只具水大種，而是具四大種。若一色法中具四大種，是則此色法則應具四重自性，此顯然不合理，因為一色法不能具四重自性，如水不能取火性等。是知一色法中非可依有四大種性而說有自性。

這又或者可引起疑問。如水，當然只有水大種。然而不然，水相實依緣起而顯現，此如蒸氣與冰。其餘大種即是與水和合的緣，所以蒸氣中應有火大種、風大種；冰則應有地大種。這樣便更能證成水這色法無自性，可是，我們依然不能說它有多重自性。

復次，四大種中無論何者，皆不能說其具有一色法性，如人由四大種所成，不能說地、水、火、風任一大種具有「人」之自性。

故知四大種實無本體，如是依止無體性之四大種，其色又如何得而有自性？

故可如是決定：色法與四大種僅相依而成有，是世俗有。即非色依大種而自性有。

如是破四大種色能成色自性。然則，非色法之心識又是否可成色法自性？此即於下來抉擇。

【論】 復次——

47 最不可取故　由因因亦無
　　從因緣生故　無因有非理〈有無因非理〉

【論】最不可取故，色即非有。何以故？由最不可取故。色
是最不可取，若無可取，云何是有？

若謂由因，因即緣色之心。若有緣色之心，則能成彼
色，以若無境，則心不生，由此心為因，故知有色。

破曰：由因，因亦無。因亦無有，因非有也。何以
故，從因緣生故。其為因之心從因緣生，故彼非有。

又，有而無因，非理。若謂色是有，而無成立有色之
因，亦非正理。謂因非有，非正理也。

【疏】上來破色法已，今則謂色為所取，心識為能取，既可
成立能取所取，則心識必有所取，既有所取，是則焉
能謂色法無自性耶？

論主破云：色法最不可取。所以不能說可由心識來成
立色有自性。

何以最不可取？心亦由因緣而生，故彼亦無自性。若
以無自性之心取境，便以為境以心為因而有自性，是
知色法實非能成立有自性之所取。以其〔能取〕因已
非有，是則焉能由取而成立所取色為有耶？故曰最不
可取。

無因而有，是為非理。所以說心緣外境即有外境性，
便可以決定為非理。說色有，而無成立有色之因，故
不應理。

如是便可否定色可由心而成為有自性。

【論】　復次 ——

48　若謂能取色　則應取自體
　　　緣生心無故　云何能取色

【論】　若說〔心〕能取色，則應取自體。然以自體能取自體，未見此事。從緣所生之心由自性空故無體，彼云何能取無〔自性之〕色？

【疏】　論主於此指出，心非能取色法。何以故？若彼能取色法，則心當可以自取心。為甚麼這樣說呢？因為心緣外境實際上只是緣心的行相，並不是取一色法為有，如果說心能取色，實際上便成「能取心」取「所取心」。自能取自，未有是事，此如刀不能自割，故具有體性之心即不能自緣心之體性，以其即更無作分別之功能。由是說緣生之心，無自性故無有自體，如是彼始堪成為心。

今心既不能自取，且無自性，是則如何能取無自性之色而令其為實有？如是證成「色最不可取」。

【論】　問言：經說過去色、未來色，故取色應有。

答云 ——

49　若剎那生心　不取剎那色
　　云何能通達　過去未來色

【論】　此約剎那色心而破。

剎那生心尚不能取剎那生色，況能通達過去及未來之
色。以非有故，不應通達。言「云何」者，是除遣
義。由此理趣，色最不可取。

【疏】　抉擇者以佛曾說過去色、現在色、未來色等三世色
法，故說所取色應實有。今論主所破，說言：剎那生
之心，不能取剎那生之色（此理於第31頌中已說），
以心實不住於境，無住而住，只是依名言而住。既剎
那心尚不取剎那色，是則云何能認知過去、未來之色
耶？

由是知無自性心，於三時中皆不取有自性之色，故曰
色法最不可取，如是即不能說為心所取之色即有自
性。

然則所謂不可取，是謂不見其顯色與形色耶？下頌故
即說此。

【論】　又雖許顯色、形色，然說取色亦不應理。何以故？
〔說云——〕

50　顯色與形色　異性終非有
　　不應取彼異　許同是色故

【論】 若顯色、形色有異者，取彼二為異，容應正理。然許顯色、形色同是色法，故不應理。

【疏】 能取之心雖能取顏色（顯色）與形狀（形色），但並非因此即謂其能取一具有自性之色法。

何以故？若說顏色與形狀為異，這容或尚可說為正理，但於取色時，若說可分別成二者而取，即應見顏色時不見形狀，見形狀時不見顏色，這便違反事實。於見色法時，顏色與形狀實同時而見，故即謂此二者不應為異，以其同為色法之二分。

既為色法之二分，即色法不能有其成為色法之自性，以自性應為獨立而自存，今既已說為二分，是則至少亦不成為獨立。

故許取顯色與形色，不但不能說此為許色法有自性，恰恰相反，此正足以成立色法無自性而成空性。

上來諸頌，已破色法，即已破外境。下來即說眼根與眼識等，如是為內。

【論】 復次 ——

51　眼識非在眼　非色非中間
　　彼依眼及色　遍計即顛倒

【論】 若真實觀察，眼識非眼中有，非色中有，亦非彼二者之間而有。遍計依眼及色有彼〔眼識〕生者，即是顛倒。

【疏】　何以由說色法復須說眼根？以眼根若有自性，則其所
　　　　緣之色便亦當有自性，因為至少可成立其為「眼根所
　　　　緣自性」，或「可見性」。此亦謂，眼根有自性時，
　　　　色能為眼所見，是即可謂色其實有自性。

　　　　論者於此提出，眼根非能分別，眼識始能起分別，是
　　　　故非眼能見色，實由眼識對色起分別而見。今者，眼
　　　　識不在於眼根，亦不在於色法，復不在於眼根與色法
　　　　二者之間，是故若依眼根與色法二者，遍計此中應有
　　　　眼識，此遍計即是顛倒。

　　　　如是即否定眼有可見性，故色有自性。至於是否因眼
　　　　成所見而有自性，此已不須討論，因為眼識根本與眼
　　　　根及色法無關，如是即破其所立。

　　　　如再作抉擇，便可以這樣說：眼能見物，耳能聞聲，
　　　　此實世人之日常經驗。故未必須眼識始能見物形色。
　　　　何以故？識只作分別，若不分別而見物，亦是見物。
　　　　由是抉擇者即可如是說：眼識非我所說，我只是說，
　　　　能被眼所見之色，定有其實自性，否則即不應為眼所
　　　　見。

　　　　如是即有下頌。

【論】　問言：眼等諸處是有，眼所見等亦有。謂眼見色、耳
　　　　聞聲等。

　　　　答云 ——

52 若眼不自見　云何能見色
故眼色無我　餘處亦同爾

【論】 若眼不見（眼）自性，云何能見於色？由不自見、亦不見色，故說眼無我，即無自性。又色亦無我，如不可見，即非是色。餘處亦爾。以此次第類推，則餘諸處皆成無我，即無自性。

【疏】 論主言：我非謂眼不能見色相，只是說，無自性眼而見無自性的色相，故即使不說識法，亦非能證明眼可見有自性之色。所以我決定「眼不自見」。

說「眼不自見」，非只謂眼根不能見自眼根。實言：若眼能見有自性之色，而眼根亦有自性，則眼根當能見其自身之自性相。今若不能，則可說眼根不能見自性相為有，亦即說言，眼根所見，實無自性。

此即謂，根、境、識必須相依，然後始成立眼能見物、耳能聞聲等。彼相依有，非因緣有，故根、境、識之有，無非遍計而有，此即前頌所下之結論。

眼根與色如是，則餘處如耳與聲、鼻與香、舌與味、身與觸、意與法等，莫不如是。其相皆非自性有，亦皆非由能緣所緣、能取所取即可成立其自性。

然而，此尚未說明眼根與眼識何以必須相依，故下來即答此疑。

【論】 問云：眼能自見，非是識見。

何以故？識是能取故。由能取細色等，故名為識。眼能自見，眼以淨大種為體，此即眼之自性。能取此者，是識。如是能見顯色、形色等諸色差別者，亦唯是識。

是故汝說若眼不自見，云何能見色，不應正理。

答言：是事不然。何以故？——

53　眼由自性空　復由他性空
　　色亦如是空　餘處空亦爾

【論】眼由依他故名空，即眼是依他而成。凡依他者即自性不成，故眼是自性空。眼由自性空者，自性即自體也。若許有他性，亦非正理，何以故？自性若無，豈復有他性。他性亦無，故是他性空。

又言他性空者，他即是識，〔他性空〕即眼由識空之異名。何以故？以眼無知故，若無知者即不應有識性，故是他性空。

又識亦即空性。由何知空？以識是依他起故。云何依他？謂識依所知等而有。凡是依他有者即無自性，故識無自性。是故說識能取細色等，不應正理。

色亦如是者，謂與彼相同。如眼是自性空他性空，色亦自性空他性空。

云何色是自性空他性空耶？如前已說一切法自性於一切非有，若真實觀察，一切法皆非有，即是一切法皆無自性之異名。空者，即不可得之異名也。

又由緣起故，亦說名空。如色由大種為因而成，是依他成，凡依他成者則非自性成，故色是自性空，亦是他性空。

色之他為眼及識。眼與識是有境，色即是境，境非有境，故他性空。又識屬內，色是所行，是外非內，故亦是他性空。

〔頌言〕「亦爾」者，謂如色由自性他性空，如是餘處亦由自性他性空。

【疏】 此大段成立根、境、識相為自性空、他性空，即除「法界」外盡空蘊、處、界。這樣一來，根、境、識相便當然亦空。

釋尊說法，有二事至為重要，一為十二緣起，說此以明般若體性；一說蘊處界，說此以明修證般若時之所依。

故此二者並非無有，只是依因緣而成為有，是即可由其相依、相對而說其「因緣有」為世俗有，即無自性而有。故上來屢言：「凡是依他有者即無自性」，此即由「相互為因」來否定「因緣有」為本然自性有。

於前說十二緣起時，以「父子不相即」一頌（第13頌）已說明，彼等非僅為相依，以「亦復非同時」故，彼等實亦相對，如是成立其「相依有」亦無自性。

今於蘊處界亦復如是。

部派佛教行人，無論於十二緣起或蘊處界，皆以因緣

和合而成立其有,復於同一層次上求證「因緣有」之空性[8],故其證「法我空」即不澈底。龍樹現在引入相對依他。說蘊處界一切法亦無有自性,唯相對而成有,是即依他有,非本然有,非可獨立絕對而成有。

復次,又恐人執依他之「他」性為有,如是即可說,眼可見外境,識則能分別外境,故眼雖由大種而成無有自性,而識則應有識性,識性有,眼亦可依識而成有。故龍樹於此即須說,凡相對者,必二者皆為自性他性空。

下來即說其理。

人或可疑,謂根境識此三者非相對待,故言:謂識為能取,實指其能取細色,非謂眼根須依於識始成可見。這便是說:見有兩種,眼能見粗色,識能取細色。若如是,則根、境、識三者即非相依有,如是即不能成立因緣有為自性他性空。

故論主破言:他性空者,即「眼由識空」之意,以識空故始說眼空。然則如何能說識空?此謂眼實無所見,無所見則應無識性,故即可說眼由識空。

若以識而言,則可說為「識由眼空」,以眼空即可說識空。何以故?識不能觸色,故於色無所知,所知者為眼,故識應無眼之所知性,如是識即由眼空。

色者,與眼根眼識相對待,故亦是他性空。即謂色無

眼根之所知性，亦無眼識之所見性。所以可以決定：
眼與眼識為「有境」，而色則為「境」。二者不同，
境不能有「有境性」，故是他性空。

所謂「有境」，即是成立境為「有」的觀點。因此，
有境即是能相，有即是所相。

說他性空，即謂根境識三者是相依而且相對，由相對
緣起而成立為有，是即可依「相互為因」來說此因緣
有為無自性。

以眼根、色法、眼識為例，蘊處界之餘處即可類推而
知。故五蘊、十二處、十八界一切法，皆自性他性
空。

然而於上來抉擇中，有一關鍵，謂識不能觸色，於是
又須說觸，然後始能明眼根與眼識之分別。下來四頌
即就此而說。

【論】 復次 ——

54 若觸俱一起　　則餘者皆空
　　空不依不空　　不空不依空

【論】 若時一「處」與觸俱起，則餘「處」皆空。是空則不
依不空，不空亦不依空。

【疏】 心識觸外境，便成立「處」，亦稱為入。

由於有六根，所以處便亦有六。觸與處，僅能依一根

俱起，其餘五者皆不起。如眼觸色，僅有眼處，而耳
鼻舌身意處皆不起用。

於此時，可說眼處不空，其餘五者皆空，這就是依其
起不起用而抉擇為空與不空。此際當知，眼處不依餘
五處，餘五處亦不依眼處，故說為「**空不依不空，不
空不依空**」。所以可以決定，彼等實非相依而成為
有。

抉擇者可能又有疑問：六處若非相依，豈非可以成立
其因緣有耶？若如是，則觸當有自性。觸為心法（名
為「心所」，即心所有法），若觸有自性，則一切心
及心所法皆當有自性。

故說云──

55　三非有自性　不住無和合
　　則無彼性觸　是故受亦無

【論】〔根境識〕三者非有，謂彼無也。於不住自性中則無
和合。和合無故則無彼性之觸。由無觸故，受亦無
有。

【疏】觸，是「遍行五心所」之一。五心所是：觸、作意、
受、想、思，即是心理活動的過程。如見一物，或聞
一聲，是即為「觸」；既見物聞聲，便生起注意，是
即「作意」；由作意見物聞聲，便有覺受，是即為
「受」；既受之後，隨即有思維，是即為「想」；由
思維即能生起決定，是即為「思」。

譬如：見一人入屋（觸），於是便注意到這個人（作意），隨即對這個人有一個感覺（受），由這個感覺便起分別想（想），於是決定怎樣去應對這個人（思）。這便是五心所的功能。

抉擇言：若根、境、識三者有自性，則三者相依有，是即可成為依其自性而住之「和合」。於是「觸」即可於此和合中生起，且有自性。如是眼根、色境、眼識三者即和合而成一行相，不可消散，亦即心識永恆與此行相相觸。

但實際情形卻不是這樣。許多時候，眼與眼識緣一色境，剎那此境即消散，並非一定隨觸而起其它心理狀態，例如見一花，隨即見蝴蝶，那便是觸花與蝶而已，其後即無作意，這樣才所以有「見」與「不見」成立，而非永見一色境相。此如上例，見花時不見蝴蝶，見蝴蝶時即不見花，是則即可說為觸無自性，故始有剎那生滅之功用。

由是可以決定：根境識三者不住、無和合，故觸始不住。既三者不住、無和合，即可決定識無自性，因識與觸同是心法，無觸，即無與識自性相同之觸。

觸不成有自性，是即無「受」可成有自性，如是徧行五心所皆無自性。以此等心所實相依而成立故。

【論】　復次 ——

56　依止內外處　　而有心識生
　　是故識非有　　如幻如燄空

【論】　由依內外處而有識生，故識非有，如幻事、如陽燄，
　　　其性本空。若作是念：有識、有識者，亦不應理。何
　　　以故？

57　由依所識生　　是故識非有
　　識所識無故　　亦無有識者

【論】　識依所識而生，故識非有。

　　　由所識能識俱非有故，識者亦無。

【疏】　第56頌，謂識須依「內處」與「外處」此二處始得生
　　　起（內處謂根，外處謂境），故識無自性。由是即知
　　　「處」亦實無自性，何以故？若彼二處若有自性，則
　　　所生之識亦當有自性。

　　　今識無自性，故說為如幻事、如陽燄。

　　　如幻事則不生，譬如由幻師所生之諸幻事，如象馬
　　　等，見其生起，實非有所生，故究竟不生。如陽燄則
　　　不滅，譬如見陽燄水，近前則無水，見其水滅，實非
　　　有所滅，故究竟不滅。

　　　如是識之生滅，實無自性而現為生滅相。於此即有能
　　　識與所識。

　　　所識者，即由對外境作分別而起之行相；能識者，即
　　　對所緣外境之分別。二者相依而起用，是故識始呈現

為生滅相。如是始能既緣一物已，更另緣一物；認知一物已，更另認知一物，色境如是而成生滅。故識生之物像，如幻事之生，識滅之物像，如陽燄之滅，其生滅皆無自性。

以此之故，第57頌即言，能識依所識而生，今所識既如幻燄，是故非有，而能識自亦非有。能識所識皆無自性，是則識者亦無自性，即能識外境之人亦實無自性。

上來說根、境、識無自性竟，即蘊、處、界皆無自性。由此決定，即可成立「人我空」與「法我空」，此即道上行人之所須現證。

然而，既有所修證，則有能證、所證，今行者於修持時所依之根、境、識等，以至蘊、處、界等，雖可決定為無自性，但對修證之能證、所證是否有自性，仍須抉擇，否則修證般若波羅蜜多即無義利。

為此抉擇，故有下來諸頌。

七、修行道上所證

【論】 問言：如說「一切無常」，以說一切無常故，即顯不空。

答云 ——

58 一切無常者　非常無有常
常無常依性　其性豈能有

【論】一切無常者，當知意說非常或無有常。若有性者，可
說常或無常。其性豈能有，即謂無常。（此句當理解
為：若有性，才能說為「常」或「無有常」，前已證
成無性，所以就不能依性而說「無常」。）

【疏】佛言：一切法無常。行者若因此認為「無常」即是諸
法自性，此實為誤解。有人一學佛即陷消極與斷滅，
實由於以「無常」為修持之決定故。

說無常者，謂一切法之現象非恆常、無有恆常。故所
說者僅為其相而非其性。若就一切法之自性而言，豈
能有「常性」與「無常性」？蓋一切法無有自性，亦
不能以現象之常或無常為性。諸法之現象呈現為非恆
常，正由於其無自性。若有自性，則相狀已成固定，
是則更無生長過程，且人亦不能受教養，更且無所謂
修道以求解脫。何以故？因自性已令其定型故。

是知於性不能說常，亦不能說無常，以不許有自性
故。

【論】問云 ── 貪、瞋、癡應有，經中廣說故。

答言 ──

59 愛非愛顛倒　緣生貪瞋癡
是故貪瞋癡　非由自性有

【論】 從愛緣、非愛緣、顛倒緣生貪瞋癡。故貪瞋癡非由自性而有。

復次 ——

60 於彼起貪欲　瞋恚或愚癡
　　皆由分別生　分別非實有

【論】 於一境上起貪瞋癡，故貪瞋癡並由分別而生。分別非實有故，分別所生貪瞋癡等亦非實有。

云何非實？〔答云 ——〕

61 所分別無故　豈有能分別
　　以是緣生故　能所別皆空

【論】 所分別全無。若無所分別，豈有能分別。由緣生故，所分別自性空，能分別亦自性空。

【疏】 上來三頌，說貪、瞋、癡無自性。但行者可以抉擇此三者，經中廣說此為三毒，而且說為行人於道上所須斷除，是則於修行道上，何能說此三者為無自性？

論主抉擇言：此三者實為緣生。由愛緣生貪、由非愛緣生瞋、由顛倒緣生癡。以緣生故無自性相，是謂貪、瞋、癡相皆無自性。

若更言之（第60頌），同一事物，有人於彼起貪、有人於彼起瞋、有人於彼起癡，故知此三者皆由分別而生。所謂分別，無非只是成見，是故無有自性。龍樹在《菩提心釋》第20頌言：

此如同一女人身　禁戒行者慾者犬
屍骸所欲及食物　如是三種分別心

這是說對同一類人身，禁戒行者視為有如屍骸、慾者則視為貪愛之所欲、犬則視為食物，此皆由分別心而成所見不同。這說法即同於本頌所說。

如是，貪瞋癡皆由分別生，由分別生即無自性，由是即可決定貪瞋癡當無有自性，故其相非實有。

倘如還要抉擇，何以非實有？則（第61頌）說言：能分別即是具成見之思維，由此思維，而成對一事物起分別心，所分別即此事物。此事物受分別，可令人非愛（如禁戒行者於女人身）、亦可令人起愛（如慾者）、更可成顛倒心（如犬）。

同一事物而令人愛、非愛、顛倒，便足以知道此事物無一固定之自性，可稱為愛自性、非愛自性、顛倒自性等。如是其貪、瞋、癡性即非實有。

所分別既非實有，是則能分別亦當非為實有。二者皆緣生，故說為自性空。

由是知貪、瞋、癡三毒皆無自性，非實有。人若於一境界中能作貪瞋癡想，是即無明，無明即是顛倒，故行者於修行道上，非去除貪瞋癡等，實須離諸顛倒。

故下頌即說何謂解脫。

【論】　復次──

62 四倒生無明　見真則非有
此無故行無　餘支亦如是

【論】　由見真實故，不復從四顛倒而生無明。由此無明無
　　　故，則不生諸行，如是餘支亦不生。

【疏】　四顛倒，謂凡庸者見無常以為常、見苦為樂、見無我
　　　為我、見不淨為淨。有如是四種顛倒，便產生無明。
　　　由是無明緣生行；行緣生識；識緣生名色；名色緣生
　　　六入；六入緣生觸等，以至老死，十二緣起即便成
　　　立，有情由是即輪迴於無明與老死之間，永無盡期。

　　　由認知一切法無自性，行者於是即能以離顛倒之心以
　　　觀察一切法，由是知諸法實相。此際行者心之空性已
　　　被認知（心法性顯露）、客境中諸法之空性亦同時被
　　　認知，是即謂見真實。

　　　此如幻師用木石幻化成象馬等，在場觀眾必以為象馬
　　　等為實有，以實見彼等故。但當幻術收場，只餘下木
　　　石，此際若有人見此等木石，必不以為木石是馬象，
　　　以實見木石，不見馬象故。

　　　此即如現觀幻術者心生顛倒，未見幻術而只見木石者
　　　則心不生顛倒。故前者即為無明，後者則見真實。

　　　此又如沙漠行旅見遠處有水，及至走近，始則見無
　　　水。有經驗之旅客即知此為陽燄，陽燄於遠處現為水
　　　相，其相實幻，而愚人則以為真實有水，但當自己近
　　　前時彼水消失。此二者，前者見真實，後者顛倒。

　　　所謂修持，即令心不生顛倒，如是即可見真實，亦即

所謂見諸法實相。如上二例，木石無馬象性、陽燄無水性，此即真實。若執其有馬性、象性、水性等，即是顛倒。故於修行道上，行者須抉擇一切法無有自性，如幻師之木石無馬性、象性，陽燄無水性，如是始能離諸顛倒。此際行者之所為，即是離分別心。此即如離幻化馬象相、離陽燄相。若能離相，便能決定：由分別而視之為實有者便是迷誤，其分別亦為虛妄分別。迷誤相是所相、虛妄分別為能相。

是故能知一切法如幻事，本來無生；知一切法如陽燄水，本來無滅，是即見諸法實相。以見實相故無有無明，無明既無，十二緣起即便不起，如是即為解脫。

下來四頌，即說此離顛倒而滅無明。無明滅，是為寂滅。

【論】　復次──

63　依彼有此生　　彼無此不有
　　　有性及無性　　為無為涅槃

【論】　若依彼而生此，則此從彼生，彼若無，此亦非有。有性無性寂滅，及有為無為寂滅，即是涅槃。

　　　復次──

64　諸法因緣生　　分別為真實
　　　佛說即無明　　發生十二支

【論】 謂於諸緣起法貪著、顧戀、分別、執持。

【疏】 以無明為因，由是生起「行」，如是十二緣起，是為緣生。凡緣生諸法，皆依彼而生，故彼有則此有，彼無則此無。如是種種即名為「有為法」。

然而「無為法」者，雖不依緣生，但若無「有為法」時，「無為法」亦當無有。何以故？彼二者實由相對而成為有，如淨與不淨，倘若無有不淨，則實無所謂淨，以淨已成為本然故。

無論「有為法」抑「無為法」，皆不可說為有性或無性。無有自性故不可說為有性；然此「無有自性」即可說為法性，所以亦不可說為無性。行者須如是離此二邊際，是即以「非有非非有」為中道。

倘如不依中道，若落於有性邊、落於有為法邊，則落輪迴邊。以其落於緣起故，由是即有十二緣起自然流轉，是即為輪迴。

反之，若落於無性邊、落於無為法邊，則落斷滅邊。以其雖已不落緣起，但執無性以為性，是即不知一切法之生滅為法界功德（功能），但以斷除生滅為所修道，如是即成唯斷滅而成滅絕。

故有性與無性皆當寂滅，有為與無為亦當寂滅，於是即名為涅槃，此即決定。

復次，抉擇有何者為涅槃之障礙，礙涅槃者即是輪迴，此則由於對緣生法加以分別，視為真實，由是起貪著、顧戀、分別、執持。如是即為無明，由是生起

十二支緣起。此無明為因之十二支，即是涅槃之障礙。

故行者即能決定：須見諸法實相，不以虛妄心分別諸法而起貪執，亦不入對「無性」、「無為」之貪執，如是始為寂滅涅槃。是即如論中所言：「有性無性寂滅，及有為無為寂滅，即是涅槃」。

【論】 復次 ——

65　見真知法空　則不生無明
　　　此即無明滅　故滅十二支

66　行如尋香城　幻事及陽燄
　　　水泡與水沫　夢境旋火輪

【論】 如實了知諸法性空，即不生無明，此即無明滅。無明滅故，十二支悉滅。

何以故？若真實觀察，諸行如幻、如陽燄、如尋香城等，是故性空。若善了知此，則無明不起，即無明滅，故十二支皆當息滅。

【疏】 此說「法空」，即「法我空」。然則何謂「法我」？即對一切法實執其自性，如水性、火性、藥性等一切物性。

物性其實只是事物之相或功能，非其自性。然而若起無明，執受業力所污之分別心而起分別，則誤以為物

必有性，然後始有相與功用，於是即視諸法為真實存在。此際諸法遂由分別而成有，是為「分別有」。

若知諸法性空，性空而顯現且具功用，則不生無明，是即無明滅。此無明滅如何現證？由真實觀察諸行而現證。

於真實觀察中，諸行如夢，是故不生；諸行如幻，是故不滅；諸行如回響，是故不常；諸行如水月，是故不斷；諸行如旋火輪，是故不一；諸行如尋香城，是故不異；諸行如眼華，是故不來；諸法如陽燄水，是故不去。

（上來夢幻八喻，依龍青巴而說。若依第66頌藏譯，此八喻次第如下：乾闥婆城（尋香城）、變化、陽燄、眼華（眼翳）、泡沫、幻事、夢、旋火輪。漢譯由於字數限制，故未全譯。復次，此八喻依次第應喻為不滅、不生；不斷、不常；不一、不異；不去、不來。）

此觀修次第，上來已各別說，今更綜合而依次第說。

一，行者之「分別有」。由知諸法因緣和合而生滅，是即「因緣有」，如是即證知「分別有」為無自性。

二，行人證知「因緣有」實為相依而成立，此如心識與外境，彼此相依，此已含容內外一切法，如是建立「相依有」，即同時證知「因緣有」無自性，如是即證不生不滅。

三，行人於「相依有」中，知除非唯依名言，否則實

相對而成立，如阿賴耶與如來藏，此亦含容內外一切
法，如是建立「相對有」，即同時證知「相依有」無
自性，如是即證不常不斷。

四，行人於「相對有」中，證知此實由相礙而成立，
如輪迴界與涅槃界，此亦含容內外一切法。如是建立
「相礙有」，即同時證知「相對有」無自性，如是即
證不一不異。

五，由相礙而證無礙，即現證無二，一切諸法為清淨
大平等性（所以並非無性），如是證知「相礙有」無
自性，即證知不來不去。

如是次第現證，即由心性悟入法性，由法性悟入清淨
平等性。然而非須完全現證五次第始能無明滅，於資
糧道上，悟入相依緣起，即已能滅無明。然後於加行
道上，歷四層次而修，亦能入相礙而了知心性，復進
入見道證初地時，則住入法性。

【論】　復次 ——

67　無少自性法　　亦非無有法
　　以從因緣起　　法無法皆空

【論】　若真實觀察，全無少許有自性法，亦無少許無法。法
與無法皆因緣生，故〔法與法性〕悉是空。

復次 ——

68 以此一切法　皆是自性空
故佛説諸法　皆從因緣起

【論】 以此一切法皆自性空，故佛説諸法皆是緣起。

【疏】 此二頌建立勝義。

於勝義中，一切法無少許自性，故即無自性而有。然而非以無自性即成無法（虛無），以其從因緣生，故「無法」亦是緣生。

由是於勝義中，不執於法，亦不執於無法。如是始是中道的「非有非非有」。

由此可知，若以為勝義即唯空性，而不知「無法」亦不可執，則易落於執著無法而落斷滅。通途以為「世俗有、勝義空」是為中道，即犯此弊。須知勝義亦以世俗緣生而說為空。

【論】 復次 ——

69 勝義唯如是　然佛薄伽梵
依世間名言　施設一切法

【論】 於勝義中，一切緣起諸法皆自性空，唯此而已。然佛世尊依止世間名言，如是施設種種法。

復次 ——

70 不壞世間法　真實無可說
　　不解佛所說　而怖無分別

【論】　於世間諸法不破不壞，於真實中則全無法可說。由未
　　　　了知緣起勝義，不達如來所說，故諸愚夫於無立、無
　　　　相、無分別中而起恐怖。

【疏】　此二頌建立世俗。

　　　　一切法於世俗，唯有名言。由此名言，生種種概念，
　　　　佛亦隨順此名言及其概念而作言說，但此非於「名言
　　　　有」作任何承許。

　　　　一切法名言有，即概念上有，故佛欲說真實，便須指
　　　　出此種種概念並非真實。若執概念即以為是自性，則
　　　　此無非是分別而已，如是有情於分別中作種種業，即
　　　　依業力牽引而隨十二緣起而流轉。

　　　　故佛說一切法緣生無自性，如是即離諸分別。然而佛
　　　　雖破壞世間所執自性，實未破壞世間諸法之名言有，
　　　　若了知名言有即分別有，是則便可不壞名言有，而現
　　　　證諸法實相為緣生而有。

　　　　愚夫不解此意，故對無自性、無相自性、無分別而見
　　　　實相等，即起恐怖。彼以為水無水性，水即破壞；或
　　　　水無水相，水亦破壞；於無分別中水與火無分別，是
　　　　世間諸法盡壞，是故即須堅持一切法實有自性、自
　　　　相，由是即不可能對諸法無分別。

　　　　論主於下來結頌中，即說勝義世俗雙運義。勝義緣生
　　　　無自性，世俗名言有功用。

八、結頌 —— 勝義世俗雙運

【論】 復次 ——

71 　依彼而生此　　世間故不壞
　　　緣生無自性　　焉有是決定

【論】 於世間，說依於彼法而有此法生，此世間理故不可破壞。然凡緣生即無自性。若無自性，何能說有。決定如是。

【疏】 此說於無自性、無相、無分別不應起恐怖。何以故？以世間理實未壞故。說一切法緣生，悟入緣生即相依、相對、相礙，皆由緣起成互相依存，互相對待，互相局限，而諸法即於此中任運而生起（適應而生起），是即於緣生中世法絲毫未受損害。

然一切法既由緣生，是即無有自性，故說一切法非如其名言而有，非如其顯現而有、非如其分別而有，實無自性而有。此即是究竟決定。（頌末句如譯為長行，應為：「那能成立有。這即是決定」。）

如是即勝義與世俗雙運。亦即，依世俗建立勝義為無自性，依勝義建立世俗唯名言。[9]

9　本頌重譯。法尊譯為：「依彼有此生，世間不可壞；緣起即無性，寧有理唯爾。」藏譯為：/ 'di la brten nas 'di byung zhes / 'jig rten tshul 'di mi 'gog cing / gang brten rang bzhin med pas de / ji ltar yod 'gyur de nyid nges //

【論】 復次 ——

72 正信求真實　於此無依法
　以正理隨求　離有無寂滅

【論】 若成就正信勤求真實，於此所說都無所依之法，能以
正理隨求、隨欲者，則能遠離有性、無性而得寂滅。

復次 ——

73 了知此緣起　遮遣惡見網
　斷除貪瞋癡　趨無染涅槃

【疏】 緣起法即是無所依之法。若一法須要有自性，才能有
所依止，今一切法都無自性，是即應無所依。

或問言：汝豈非依止緣起？

決定言：非是，緣起亦無自性。我說緣起，亦施設其
名言而說耳，非謂一切法中唯此緣起有自性，堪可依
止。是故諸法之真實，即無所依而緣生。

由是於此都無所依之法，如理隨求、隨欲，即能離一
切法有性、無性二邊際，如是離有無而得寂滅。

由了知緣起，即可遮遣落於有、無二邊際之惡見網，
由是斷除貪、瞋、癡諸染而得涅槃。

是故由現證勝義而得寂滅，現證世俗而得涅槃，此二
不可分離，以勝義與世俗實本不能相離故。如是勝義
世俗雙運，二者即無分別、無所得而證寂滅涅槃。

跋

本論頌文及論皆依法尊法師譯。法尊譯則依藏譯 *Stong pa nyid bdun ca pa'i 'grel pa*（譯言《空性七十釋》），唯題名作《七十空性論》，今仍依此題名。筆者註疏時亦依此藏譯略作校訂。此論藏譯者為勝友（Jinamitra）及智軍（Ye shes sde）。

上來將《七十空性論》分八份而疏，實依修證次第而說，唯願學人能由知見而入中道，且知中道修證。西元二千又二年歲次壬午冬至日疏竟。無畏記。

西元二千又十三年修訂，又記。

主編者簡介

談錫永，廣東南海人，1935年生。童年隨長輩習東密，十二歲入道家西派之門，旋即對佛典產生濃厚興趣，至二十八歲時學習藏傳密宗，於三十八歲時，得甯瑪派金剛阿闍梨位。1986年由香港移居夏威夷，1993年移居加拿大。

早期佛學著述，收錄於張曼濤編《現代佛教學術叢刊》，通俗佛學著述結集為《談錫永作品集》。主編《佛家經論導讀叢書》，並負責《金剛經》、《四法寶鬘》、《楞伽經》及《密續部總建立廣釋》之導讀。其後又主編《甯瑪派叢書》及《大中觀系列》。

所譯經論，有《入楞伽經》、《四法寶鬘》（龍青巴著）、《密續部總建立廣釋》（克主傑著）、《大圓滿心性休息》及《大圓滿心性休息三住三善導引菩提妙道》（龍青巴著）、《寶性論》（彌勒著，無著釋）、《辨法法性論》（彌勒造、世親釋）、《六中有自解脫導引》（事業洲巖傳）、《決定寶燈》（不敗尊者造）、《吉祥金剛薩埵意成就》（伏藏主洲巖傳）等，且據敦珠法王傳授註疏《大圓滿禪定休息》，著作等身。其所說之如來藏思想，為前人所未明說，故受國際學者重視。

近年發起組織「北美漢藏佛學研究協會」，得二十餘位國際知名佛學家加入。2007年與「中國人民大學國學院」及「中國藏學研究中心」合辦「漢藏佛學研究中心」主講佛學課程，並應浙江大學、中山大學、南京大學之請，講如來藏思想。

離言叢書6

《龍樹二論密意》

作　　者　談錫永
主　　編　談錫永
美術編輯　李　琨
封面設計　張育甄
出　　版　全佛文化事業有限公司
　　　　　永久信箱：台北郵政26-341號信箱
　　　　　訂購專線：(02)2913-2199
　　　　　傳真專線：(02)2913-3693
　　　　　發行專線：(02)2219-0898
　　　　　匯款帳號：3199717004240 合作金庫銀行大坪林分行
　　　　　戶　　名：全佛文化事業有限公司
　　　　　E-mail：buddhall@ms7.hinet.net
　　　　　http://www.buddhall.com
門　　市　新北市新店區民權路95號4樓之1（江陵金融大樓）
　　　　　門市專線：(02)2219-8189
行銷代理　紅螞蟻圖書有限公司
　　　　　台北市內湖區舊宗路二段121巷19號（紅螞蟻資訊大樓）
　　　　　電話：(02)2795-3656
　　　　　傳真：(02)2795-4100

初　　版　2014年04月
初版二刷　2017年02月
定　　價　新台幣260元
I S B N　978-986-6936-84-5（平裝）

國家圖書館出版品預行編目資料

龍樹二論密意 / 談錫永著. 初版.
--新北市：全佛文化, 2014.04
面；　公分. －（離言叢書：06）

ISBN 978-986-6936-84-5(平裝)

1.中觀部
222.12　　　　　　　103007432

離・言・叢・書・系・列

《解深密經密意》　談錫永/著　定價390元

密義的意思就是語言之外所含之意，沒有明白地講出來，他雖然用語言來表達，但讀者卻須理解言外之意。

本經既稱為「解深密」，也就是說，根據本經之所說，就能得到佛言說以外的密意。

《無邊莊嚴會密意》　談錫永/著　定價190元

《大寶積經・無邊莊嚴會》是說陀羅尼門的經典，可以將其視為釋迦演密法，故亦可以視其為密續。

全經主要是說三陀羅尼門——無上陀羅尼、出離陀羅尼、清淨陀羅尼，依次攝境、行、果三者。

《如來藏經密意》　談錫永/著　定價300元

《如來藏經》說眾生皆有如來藏，常住不變，然後用九種喻說如來藏為煩惱所纏，是故眾生不自知有如來藏。這是如來藏的根本思想。由此可將一切眾生心性的清淨分說為如來藏，雜染分說為阿賴耶識。

《勝鬘師子吼經密意》　談錫永/著　定價340元

本經對如來藏的演述，是由真實功德來建立如來藏，因此便很適應觀修行人的觀修次第。

欲入一乘，欲觀修如來藏，須先由認識如來真實功德入手，這是觀修的關鍵。勝鬘說三種人可以領受如來藏，便即是依其是否能領受如來真實功德而說。

《文殊師利二經密意》　談錫永/著　定價420元

文殊師利菩薩不二法門有眾多經典，現在先選出兩本詮釋其密意。所選兩經為《文殊師利說般若會》及《文殊師利說不思議佛境界經》。選這兩本經的原故，是由於兩經所說彼此可以融匯。

《龍樹二論密意》　談錫永/著　定價260元

本書特選出龍樹論師《六正理聚》中《六十如理論》及《七十空性論》兩篇，加以疏釋，用以表達龍樹說「緣起」、說「性空」、說「真實義」、說「法智」，以至說「無生」的密意。

《菩提心釋密意》　龍樹論師/造・邵頌雄/譯・談錫永/疏
定價230元

本論專說菩提心，立論點即在於如何次第現證勝義菩提心以及建立世俗菩提心。於前者，及涉及觀修次第，而不僅是對勝義作理論或概念的增上。

《大乘密嚴經密意》　談錫永/著　定價360元

《大乘密嚴經》的主旨其實很簡單：阿賴耶識即是密嚴剎土。所謂密嚴剎土，即是如來法身上有識境隨緣自顯現，將法身與識境連同來說，便可以說為密嚴剎土。這時，自顯現的識境便是法身上的種種莊嚴。

《龍樹讚歌集密意》　談錫永/主編・邵頌雄/著譯
定價490元

本書說龍樹讚歌，亦總說龍樹教法之密義。龍樹的「讚歌集」，於印藏兩地的中觀宗都深受重視，並視之為了義言教，唯此等讚歌，大都從未傳入漢土。本書將其中八種，譯為漢文，並據此演揚龍樹教法密義。

《大圓滿直指教授密意》　談錫永/譯疏　定價300元

本書收入蓮花生大士《大圓滿直指教授》說及觀修的密意，為此叢書補充唯說見地的不足，亦收入談錫永上師《心經頌釋》，補足蓮師一篇所未說的前行法，兩篇由談上師闡其密義。

全佛文化藝術經典系列

大寶伏藏【灌頂法像全集】

蓮師親傳●法藏瑰寶，世界文化寶藏●首度發行！
德格印經院珍藏經版●限量典藏！

本套《大寶伏藏—灌頂法像全集》經由德格印經院的正式授權
全球首度公開發行。而《大寶伏藏—灌頂法像全集》之圖版，
取自德格印經院珍藏的木雕版所印製。此刻版是由西藏知名的
奇畫師—通拉澤旺大師所指導繪製的，不但雕工精緻細膩，法
像莊嚴有力，更包含伏藏教法本自具有的傳承深意。

◆◆◆

《大寶伏藏—灌頂法像全集》共計一百冊，採用高級義大利進
美術紙印製，手工經摺本、精緻裝幀，全套內含：
●三千多幅灌頂法照圖像內容　　●各部灌頂系列法照中文譯名
附贈　●精緻手工打造之典藏匣函。
　　　　●編碼的「典藏證書」一份與精裝「別冊」一本。
　　　（別冊內容：介紹大寶伏藏的歷史源流、德格印經院歷史、
　　　《大寶伏藏—灌頂法像全集》簡介及其目錄。）

BuddhAll

All is Buddha.

BuddhAll.

BuddhAll